Alessandra Lemma

Transgender-Identitäten

AF547145

Dieses wichtige neue Buch von Alessandra Lemma bietet einen prägnanten Überblick über psychoanalytische Erkenntnisse, Ansätze und Kontroversen im Zusammenhang mit Transgender-Identifikationen.

Illustriert mit Fallvignetten bietet Lemma eine Synthese der aktuellen Forschung und einen kritischen Überblick über psychoanalytische Ansätze zu Transgender-Identitäten und destilliert einige der zeitgenössischen Kontroversen darüber, wie das Thema im Behandlungszimmer angegangen werden soll. Lemma skizziert außerdem einen psychoanalytisch orientierten ethischen Rahmen zur Unterstützung von Klinikern, die mit Personen arbeiten, die eine medizinische Transition wünschen, und zeigt die ethischen Herausforderungen auf, mit denen Klinikerinnen und Kliniker angesichts der aktuellen Fokussierung der genderaffirmativen Versorgung konfrontiert sind.

Dieses Buch ist von großer Bedeutung für praktizierende Psychoanalytikerinnen und -analytiker sowie für analytische und tiefenpsychologische Kinder- und Jugendlichen-Psychotherapeutinnen und -therapeuten, für Akademikerinnen und Akademiker und für alle, die sich für Transidentität und psychische Gesundheit interessieren.

Alessandra Lemma, Psychoanalytikerin, Leiterin der Psychological Therapies Development Unit des Tavistock and Portman NHS Foundation Trust, Erwachsenenpsychotherapeutin in der Portman Clinic, Fellow der British Psychoanalytical Society, Professorin für psychologische Therapien an der School of Health and Human Sciences der Universität von Essex und klinische Leiterin des Psychological Interventions Research Centre am University College London. Sie hat zahlreiche Bücher zu den Themen Psychoanalyse, Körper und Trauma veröffentlicht. Zuletzt bei Brandes & Apsel: *Suizid und Suizidalität* (2012), *Psychoanalyse im Cyberspace?* (2016), *Der Körper spricht immer* (2017, 2. Aufl. 2023), *Psychoanalyse der Sexualitäten – Sexualitäten der Psychoanalyse* (2019).

Alessandra Lemma

Transgender-Identitäten

Eine Einführung

Aus dem Englischen übersetzt
von Eberhard Knoll
und unter Mitarbeit von Daria Bendel

Brandes & Apsel

Deutsche Erstausgabe des 2022 bei Routledge (New York) unter dem Titel *Transgender Identities – A Contemporary Introduction* erschienenen Buchs.
© by Routledge, a member of the Taylor & Francis Group.
All rights reserved.

1. Auflage 2024

© Brandes & Apsel Verlag GmbH, Frankfurt a. M.
Alle Rechte vorbehalten, insbesondere das Recht der Vervielfältigung und Verbreitung sowie der Übersetzung, Mikroverfilmung, Einspeicherung und Verarbeitung in elektronischen oder optischen Systemen, der öffentlichen Wiedergabe durch Hörfunk-, Fernsehsendungen und Multimedia sowie der Bereithaltung in einer Online-Datenbank oder im Internet zur Nutzung durch Dritte.
Umschlag und DTP: Brandes & Apsel Verlag, unter Verwendung des Gemäldes *Das Mädchen (Figur auf Weiß.)*, ca. 1928–32, von Kasimir Malewitsch.
Druck: Stückle Druck, Ettenheim, Printed in Germany
Gedruckt auf einem nach den Richtlinien des Forest Stewardship Council (FSC) zertifizierten, säurefreien, alterungsbeständigen und chlorfrei gebleichten Papier.

Bibliografische Information der Deutschen Nationalbibliothek:
Die Deutsche Nationalbibliothek verzeichnet diese Publikation in der-Deutschen Nationalbibliografie; detaillierte bibliografische Daten sind im Internet über www.ddb.de abrufbar.

ISBN 978-3-95558-368-2

Inhalt

Einführung

Identität in der heutigen Zeit

Die Identität von Transgender-Personen ist zu einem inklusiven Konzept geworden, das alle geschlechtsspezifischen Unterschiede und ein breites Spektrum sexueller Präferenzen einschließt. Transgeschlechtlichkeit ist kein Randphänomen mehr, sondern nimmt einen zentralen Platz in unserem kulturellen Leben ein (vgl. Valentine, 2007). Trotzdem bleibt das Thema im Bewusstsein der Psychoanalyse und der Öffentlichkeit umstritten. Festgefahrene, kämpferische Positionen dominieren das klinische und wissenschaftliche Denken über Gender und Sexualität. Die klinischen und theoretischen Diskussionen über Transgeschlechtlichkeit, die in der Psychoanalyse allzu oft pathologisiert und in der feministischen und queeren Literatur zum Politikum werden, können zu einem starren, binären Denken führen (z. B. das Biologische gegenüber dem Sozialen oder das Normale gegenüber dem Pathologischen). Wir sind von Natur aus dazu veranlagt, Unterschiede festzustellen und alles in binäre Begriffe zu fassen (Dutton, 2013), aber diese menschliche Eigenart eignet sich überhaupt nicht, um die Identitäten von Transgender-Personen zu untersuchen.

Es herrscht Uneinigkeit darüber, ob Transgeschlechtlichkeit ein psychologisches/psychiatrisches Problem darstellt oder eine normale Variante, seinem sozialen Geschlecht Ausdruck zu verleihen. Im DSM-5 wurde der Begriff »Geschlechtsidentitätsstörung« gestrichen und durch »Geschlechtsdysphorie« ersetzt. Bei früheren psychiatrischen Kategorisierungen wurde davon ausgegangen, dass Personen, die psychiatrische Hilfe in Anspruch nehmen, eine ausgeprägte Körperdysphorie haben (d. h., ein Unbehagen mit ihrem von

Geburt aus männlichem oder weiblichem Körper); nach neueren Konzeptualisierungen dagegen muss keine Körperdysphorie vorliegen, damit eine Geschlechtsdysphorie diagnostiziert werden kann. Dieser Wandel im psychiatrischen Denken zeigt eine Verlagerung von der Diskussion über eine Störung hin zur Erforschung der Identität (Griffin et al., 2020). Die hitzigen Debatten werden nicht nur durch das Potenzial der Transgender-Bewegung befeuert, die binären Geschlechterkategorien zu hinterfragen, sondern auch durch die Art und Weise, wie der Begriff der Identität selbst von der Medizin vereinnahmt wurde.

Wenn Transgeschlechtlichkeit als natürliche Variation verstanden wird, erfahren möglicherweise diejenigen eine gewisse Bestätigung, die sich wegen ihrer Abweichung von der binären Geschlechternorm diskriminiert fühlen. Ist Transgeschlechtlichkeit allerdings eine Form der Identität unter anderen, stellt sich die Frage, warum diese spezifische Ausdrucksform der Identität eine medizinische Intervention rechtfertigt (Griffin et al., 2020).

Selbst wenn wir uns darüber einig ist, dass es ein zugrundeliegendes psychologisches Problem gibt, besteht Dissens darüber, ob eine medizinische Transition für die betreffende Person überhaupt hilfreich sein kann. Angesichts der vorherrschenden, von liberalem Gedankengut geprägten ethischen Vorstellungen, in denen andere keinerlei Einfluss auf den eigenen Körper nehmen dürfen, stößt die Transgender-Person, die ihr Recht über ihren Körper ausüben möchte, auf erhebliche Hindernisse bei der Ausübung dieses Rechts.

Unabhängig von den möglichen Erklärungen von Transgeschlechtlichkeit – und ich möchte hier den Plural hervorheben, denn es gibt wahrscheinlich mehrere Erklärungen, da keine einheitliche Kategorie existiert, die von dem Begriff Transgeschlechtlichkeit erfasst wird – ist Transgeschlechtlichkeit meiner Ansicht nach weder ein ausschließlich psychologisches/psychiatrisches noch ein ausschließlich soziokulturelles Problem (Dean, 2002). Würde nur eine der beiden Erklärungen zutreffen, wäre eine psychoanalytische Darstellung möglicherweise überflüssig, aber das Verstehen der inneren Welt der Transgender-Person ist wesentlich, um die subjektive Erfahrung des Embodiment zu beleuchten. Der Körper ist von zentraler Bedeutung für den Aufbau und die Störung der Kohärenz von Identität.

Ganz gleich, wie wir Identität definieren, der Begriff ist in vielen Human- und Sozialwissenschaften zu einer Art Hauptsignifikant geworden (Alvesson, Ashcraft & Thomas, 2008). Das Konzept der Identität hat in der Metapsychologie keinen Platz gefunden (Birksted-Breen, 2016), aber es ist von zentralem psychoanalytischem Interesse, wie eine Identität durch die Prozesse der Projektion und Introjektion geschmiedet wird und auf welchen Kompromissen sie beruht. Wie Perelberg (1999) dargelegt hat, ist die Unterscheidung zwischen Identifikation und Identität wichtig.

Identifikation, so argumentiert sie,

> »ist ein Prozess, der im Unbewussten stattfindet, und der Stoff, aus dem die Fantasien sind [...]. ›Identität‹ hingegen ist der Versuch jedes Einzelnen, diese widersprüchlichen Identifikationen zu strukturieren, um eine Illusion von Einheit zu erreichen, die es ihm ermöglicht, die Aussage zu treffen: ›Ich bin dies‹ (und nicht das).« (1999, S. 31)

Von allen Disziplinen, die sich mit der Definition von »Selbstheit« oder »Identität« befassen, ist die Psychoanalyse am mutigsten, wenn es darum geht, all diese Begriffe zu entflechten und infrage zu stellen, denn sie berücksichtigt die Machenschaften des Unbewussten und den trügerischen Schein von Identität selbst (Frosh, 1991). Indem Identität in erster Linie mit sozialen Prozessen und bewussten Entscheidungen in Verbindung gebracht wird, nimmt man dem Begriff seinen dem Wesen nach konflikthaften Charakter und seine enge Verbindung zu Begehren und unbewusster Fantasie.

In der Diskussion über Identitätskonstruktion in der Spätmoderne ist die Wahlfreiheit in den Vordergrund gerückt. Zahlreiche Sozialwissenschaftler (z. B. Bauman, 1988; Sennett, 1998) legten überzeugend dar, dass sich den Menschen – zumindest in den westlichen Industrieländern – ein noch nie dagewesenes Maß an Freiheit eröffnet hat, das mit einem Bedeutungsverlust der sozialen Institutionen einhergeht. Unser Leben hat sich zunehmend in einzelne Teilbereiche aufgelöst, während Wahlfreiheit und das Recht auf Selbstverwirklichung als Leitprinzipien an Bedeutung gewinnen. Man könnte sogar behaupten, heutzutage werde von uns erwartet, dass wir uns als biografisch flexibel präsentieren. Diese Wahlfreiheit findet ihren Ausdruck in der Möglichkeit, den eigenen Körper individuell zu gestalten. Durch die atemberaubenden Fortschritte im Bereich der Technologie (ich verwende hier den Begriff in seinem weitesten Sinne, um medizinische und kybernetische Technologien einzuschließen) können wir heute unsere Körper – und damit unsere so genannte Identität – in der Realität und virtuell manipulieren. Dies eröffnet Möglichkeiten, den Körper in einer Weise zu gestalten, die das Wohlbefinden steigert, aber wir sollten nicht übersehen, dass die Umgestaltung des Körpers auch zu Problemen führen kann, die nicht durch die Veränderung des Körpers oder nicht *nur* durch die Veränderung des Körpers gelöst werden können (Lemma, 2010).

Die Heterogenität von Transgender-Identitäten und Transgender-Erfahrungen

Schätzungen zufolge identifizieren sich etwa 0,6 Prozent der Bevölkerung in den USA (Williams Institut, 2016) und etwa 1 Prozent der britischen Bevölkerung (Stonewall, 2020)[1] als Transgender-

1 www.stonewall.org.uk

Personen, wobei die Prävalenz in den letzten zehn Jahren zugenommen hat.

Die Zahl der Jugendlichen, die sich als »gender variant« identifizieren, ist laut zweier aktueller allgemeiner Stichproben in Neuseeland und Finnland höher und liegt zwischen 1,2 und 4,1 Prozent (Chiniara, Bonifacio & Palmert, 2018).

Transgender bzw. Transgeschlechtlichkeit – ein in den frühen 1990er Jahren geprägter Begriff – wird heute als eine umfassende Identitätskategorie verstanden, die ein sehr vielfältiges Spektrum an gendervarianten Menschen mit männlichem bzw. weiblichem Körper sowie an Sexualitäten umfasst (z. B. Transvestiten, Transsexuelle, Transgender-Personen, Drag Queens, genderqueere Personen, Intersexuelle, Fem Queens, Butch-Lesben, männliche Personen mit weiblichem Körper) (Bolin, 1994; Califia, 2003; Valentine, 2007). Im Vereinigten Königreich definiert Stonewall (2017)[2] eine Transgender-Person als eine Person, deren Art und Weise, ihrem sozialen Geschlecht Ausdruck zu verleihen, nicht mit den herkömmlichen Vorstellungen von männlich und weiblich übereinstimmt. Im Gegensatz hierzu bezieht sich der Begriff »Cisgender« auf Personen, deren Geschlechtsidentität mit dem durch die Geburt zugewiesenen Geschlecht übereinstimmt. Heutzutage wird Fluidität in Bezug auf die Geschlechtsidentität anerkannt und Kategorien wie »nichtbinär« und »pangender« halten Einzug in den Mainstreamdiskurs und in die Sprechzimmer.

Die zunehmende Prävalenz der Geschlechtsvarianz in der breiten Bevölkerung hat zu vielen Veränderungen geführt, einschließlich neuer gesetzlicher Geschlechtskategorien in einigen Ländern (Stryker, 2017). Eine Sensibilität gegenüber Geschlechtspronomen hat sich durchgesetzt. In einigen Institutionen ist es inzwischen üblich, das Personalpronomen (»er«, »sie«, »sie« im Plural),

2 www.stonewall.org.uk

das eine Person bevorzugt, zusammen mit ihrer Signatur am Ende von E-Mails anzugeben. Diese gesellschaftlichen Veränderungen in Bezug auf den Geschlechtsbegriff sind bedeutsam und erfordern eine sorgfältige Reflexion in vielen Disziplinen. Sie reichen weiter als nur bis in die Community der Transgender-Personen. Das 2018/2019 im Vereinigten Königreich diskutierte Gesetz zur Anerkennung des sozialen Geschlechts (Gender Recognition Act, GRA) ist hierfür ein Beispiel: Die vorgeschlagene Änderung des GRA hätte es einem geburtsgeschlechtlichen Mann erlaubt, sich als Frau zu identifizieren und umgekehrt, auch wenn er oder sie sich keiner Operation unterzogen hat. Dies würde eine grundlegende Änderung der gesetzlichen Definition von »Frau« und »Mann« bedeuten und damit die vorgegebene biologische Bestimmung der selbst festgelegten Identität unterordnen. Zum Zeitpunkt der Abfassung dieses Buches wurden diese Änderungen im Vereinigten Königreich noch nicht verabschiedet, aber sie werden immer noch diskutiert und von vielen Transgender-Personen aktiv angestrebt.

Die Heterogenität der Transgeschlechtlichkeit entzieht sich jeder einfachen Kategorisierung und stellt die Forschung in diesem Bereich vor Herausforderungen (siehe Kapitel 1). Einige Transgender-Personen streben nur nach einer partiellen sozialen und körperlichen Transition, während andere das Bedürfnis verspüren, ihren Körper chirurgisch vollständig an das Geschlecht, mit dem sie sich selbst identifizieren, anzugleichen.

Einige erleben ein erhöhtes Maß an Körperdysphorie, während dies bei anderen nicht der Fall ist, obwohl es ihnen trotzdem besser geht, wenn sie ihren Körper auf eine Weise präsentieren, die sie als kongruenter mit ihrer selbst festgelegten Geschlechtsidentität empfinden. Es besteht kein eindeutiger Zusammenhang zwischen dem Geschlecht, mit dem man sich identifiziert, und dem Ausmaß der angestrebten Transition, sei es in sozialer und/oder in körperlicher Hinsicht. Die Mehrheit der Transgender-Personen strebt eine soziale

Transition an (z. B. Namensänderung, Änderung der Kleidung), aber nur einige gehen zu einer vollständigen geschlechtsangleichenden Operation über. Häufiger sind begrenzte medizinische Eingriffe wie die Einnahme von Hormonen und/oder Operationen, um das Aussehen des Körpers an das Geschlecht, mit dem sich eine Person identifiziert, anzupassen (z. B. Mastektomie, aber keine Phalloplastie).

Die Heterogenität der Transgender-Personen, was die Art sich zu präsentieren und in Erscheinung zu treten betrifft, ging mit einem steilen Anstieg der Überweisungen, insbesondere von jungen Menschen, an Beratungsstellen bezüglich der Geschlechtsidentität einher. So meldete der Nationale Gesundheitsdienst der Klinik Tavistock und Portman (der im Vereinigten Königreich überregionale Beratung bezüglich Geschlechtsidentität für unter 18-Jährige anbietet) in den letzten fünf Jahren einen Anstieg der Überweisungen um 400 Prozent (Butler et al., 2018; Evans, 2020). Auch in Europa, Kanada und Nordamerika ist ein deutlicher Anstieg zu verzeichnen.

Bislang haben wir keine zufriedenstellende Erklärung für diesen Anstieg. Es ist unklar, ob diese Trends eine tatsächliche Zunahme der Geschlechtsdysphorie widerspiegeln, ob die Schwelle, Hilfe zu suchen, niedriger wurde oder ob sich mehr Menschen outen, weil »Trans-Sein« in der Öffentlichkeit präsenter ist. Die weit verbreiteten Informationen, die im Internet zur Verfügung stehen, tragen möglicherweise auch dazu bei, dass die Probleme des Einzelnen schneller erkannt werden. Dies – so behaupten einige – erspare den Menschen die jahrelangen einsamen Qualen, bevor sie sich trauen, sich zu outen und Hilfe zu suchen. Deutlich ist bei diesem Anstieg, dass geburtsgeschlechtliche Mädchen überrepräsentiert sind (Kaltiala-Heino et al., 2015). Wir haben hierfür noch keine Erklärung und müssen diese Entwicklung sehr sorgfältig betrachten. Es ist zu befürchten, dass dies die destruktiven Auswirkungen von Frauenfeindlichkeit und die Schwierigkeit von Mädchen widerspiegelt, sich als lesbisch zu outen, was vor allem in einigen Ländern nach wie vor gefährlich ist.[3]

Die sich verändernden statistischen und demografischen Daten könnten ein Hinweis darauf sein, dass – was ihr Sozialverhalten betrifft – insbesondere junge Menschen sich leicht von anderen anstecken lassen (Littman, 2018), aber hierzu stehen uns nur sehr wenige Daten zur Verfügung. Am umstrittensten ist die zentrale Frage, wie wir auf die steigende Zahl von Kindern und Jugendlichen, die sich als Transgender-Personen identifizieren, reagieren sollten. Fragen zur Einwilligung sind in dieser Altersgruppe besonders wichtig, wenn man bedenkt, was wir über die normale adoleszente Entwicklung mit ihren raschen Schwankungen hinsichtlich der Übernahme und des Ablegens von Identitäten wissen, die für diese Entwicklungsphase charakteristisch sind (siehe Kapitel 3 und 4).

Die Suche nach Erklärungen und Gewissheit ist verständlich; da es sich bei Transgeschlechtlichkeit aber immer noch um ein neu aufgetauchtes Phänomen handelt, dürfen wir nicht auf die Schlussfolgerungen vertrauen, die in Bezug auf viele der in diesem Buch behandelten Fragen gezogen werden können. Die Herausforderung besteht darin, weiterhin Fragen zu stellen und der Versuchung einer unmittelbaren Gewissheit zu widerstehen.

Der »natürliche« und der modifizierte Körper: konzeptionelle Herausforderungen

Transgeschlechtlichkeit ist zu einem der umstrittensten sozialen und kulturellen Themen unserer Zeit geworden. Bei unserer Auseinan-

3 »Transgender and the erosion of women's rights: a perspective from India Vaishnavi Sundar«, talk given at the »Do not Adjust Your Set« Conference, London (23. Januar 2021).

dersetzung mit dem Thema – in unserem Inneren und in unseren Praxen – werden wir damit konfrontiert, wie Körper, Sexualität und Geschlecht uns plötzlich in Erfahrungsbereiche führen, die sich für viele von uns schwer in Worte fassen lassen und sich einer Symbolisierung entziehen können. Dies macht es schwierig, über den Körper und Transgeschlechtlichkeit nachzudenken und zu schreiben. Die Herausforderung wird nur allzu deutlich, wenn man über Modifizierungen des Körpers schreibt, ohne irgendwie zu implizieren, dass es ein normatives Verhältnis zum Körper gibt, von dem nur wenige Individuen abweichen.

Therapeuten erleben die Arbeit mit Transgender-Patienten möglicherweise als äußerst provokativ, da sich die Artikulation von Identität am sogenannten natürlichen Körper (d. h., angeborenen Körper) abspielt, der durch medizinische Eingriffe erheblich verändert worden sein kann. Sie ist *provokativ,* da die medizinischen Eingriffe nicht der Wiederherstellung des Verlusts einer körperlichen Funktion oder der Heilung einer körperlichen Krankheit dienen – Motive, die den Einzelnen davon befreien, sich zu rechtfertigen für seine Gründe für den Wunsch nach körperlichen Eingriffen, um sich besser zu fühlen. Diese Eingriffe haben vielmehr das Ziel, eine körperliche Form der Artikulation von Identität zu finden, die dem Einzelnen eher entspricht.

Einige haben die Frage aufgeworfen, wohin uns der Trend zum »maßgeschneiderten« Körper führen wird. Als psychoanalytische Kliniker sind wir über den Drang, den Körper zu verändern (sobald er sich als ein Merkmal des Patienten erweist), beunruhigt, da die Beeinflussung der Stimmung oder des Selbstwertgefühls durch körperliche Veränderungen häufig oberflächlich bleibt und nicht auf das grundlegende seelische Unbehagen eingeht. Die Veränderung des »natürlichen« Körpers und seine Neugestaltung nach den eigenen Vorstellungen weckt außerdem die Sorge, dass Omnipotenzfantasien durch eine Inszenierung am und durch den

Körper genährt und verstärkt werden. Dies führt zu einer Kompromisslösung, die instabil und im Hinblick sowohl auf die physische als auch die psychische Gesundheit kostspielig ist.

Jede Diskussion über körperliche Modifikationen konfrontiert uns zwangsläufig mit der Frage, was wir unter dem sogenannten natürlichen Körper verstehen. Sie schwingt – unabhängig davon, ob wir die Vorstellung von einem »natürlichen« Körper bewusst befürworten oder nicht – häufig implizit in den Diskussionen über Transgeschlechtlichkeit mit und muss sorgfältig untersucht werden. Das Aussehen des Körpers ist seit jeher der Ort für die Gestaltung sowohl der individuellen als auch der kulturellen Identität schlechthin. Die Herausforderung besteht darin, herauszufinden, wo wir die Grenze ziehen zwischen einer gesunden Gestaltung und ihren pathologischen Erscheinungsformen. Das Streben nach körperlichen Modifikationen kann berechtigterweise nicht als bloße Eitelkeit oder als Symptom einer narzisstischen Pathologie abgetan werden. Es gibt einen Ort für ein gesundes Selbstwertgefühl, das vermutlich auf höchst individuelle Weise definiert und geschützt wird und sich nicht auf eine homogene »gesunde« Form reduzieren lässt. Außerdem ist es nicht an sich gesund, den Körper, der uns in einer Art genetischem Glücksspiel zugeteilt wurde, einfach zu akzeptieren. Man könnte auch argumentieren: Das Streben nach Überwindung so genannter natürlicher Ungleichheiten, die uns auferlegt wurden, oder die Aufwertung unserer selbst eröffnet neue Möglichkeiten und ist ein Zeichen von Gesundheit. Wir könnten uns in der Tat fragen: Ist es gesünder, die zufällige Auslosung des genetischen Glücksspiels zu akzeptieren oder sich zu weigern, sie zu akzeptieren und etwas zur Umgestaltung unseres Körpers zu unternehmen, wenn er, aus welchem Grund oder aus welchen Gründen auch immer, nicht als ein behagliches Zuhause für unser Selbst erlebt wird?

Es ist konzeptionell schwierig, sinnvolle Unterscheidungen zu treffen zwischen Operationen, die man als »kosmetisch« bezeichnen könnte, Operationen, die als »therapeutisch« oder »rekonstruktiv« gelten, aber trotzdem auf das Aussehen abzielen, und routinemäßigen Schönheitsoperationen. Rekonstruktive Prozeduren werden ebenso wie kosmetische Operationen von kulturellen Vorstellungen in Bezug auf normales oder wünschenswertes Aussehen geprägt.

Zieht man Motivation als Kriterium heran und stellt die Frage, was durch die Suche nach einem modifizierten Körper erreicht werden soll, erhält man nicht die nötige Klarheit. Die gängige Anschauung, der Wunsch, »normal« auszusehen, sei eine »bessere« Motivation als der Wunsch, »attraktiv« auszusehen, könnte beispielsweise auf folgender Überzeugung beruhen: Ungewöhnliches Aussehen ist die Ursache emotionalen Leids, das in einer Weise gelindert werden sollte, wie es bei dem Wunsch, das Aussehen zu verbessern, nicht der Fall ist. Diese Unterscheidung wird jedoch durch evidenzbasierte psychologische Untersuchungen nicht bestätigt: In Studien, die sich mit dieser Frage befasst haben, ist »objektives Aussehen« kein signifikanter Prädiktor für eine leidvolle Erfahrung (van den Elzen et al., 2012).

Im Umgang mit Transgender-Patienten lohnt es sich, sich daran zu erinnern, dass es so etwas wie einen »natürlichen Körper« nicht gibt, von dem wir sinnvoll und zuverlässig eine Art von Abweichung messen können. Der Begriff »natürlicher Körper« ist eine falsche Bezeichnung; er setzt nämlich die Existenz eines Körpers voraus, der nicht durch die Projektionen der Bezugspersonen in ihn und/oder durch das kulturelle Umfeld und die darin verankerten Normen und Werte beeinflusst wird. Alle Körper sind in unterschiedlichem Ausmaß modifiziert und somit konstruiert. Aus diesem Grund ziehe ich es vor, den Begriff »vorgegebener Körper« zu verwenden. Dadurch wird hervorgehoben, dass unser Körper uns bei der Geburt in einem körperlichen *und* psychogenetischen Glücksspiel zugeteilt wurde. Dieser vorgegebene Körper – könnten wir sagen – wird unmittelbar nach der Geburt durch die Blicke, Berührungen und Projektionen, die dem Körper des Babys zum ersten Mal begegnen, modifiziert.

Über dieses Buch

Identitätspolitik ist die zeitgenössische Bühne, auf der die epistemologische Privilegierung individueller persönlicher Narrative über Identität stattfindet. Die selbst proklamierte Wahrheit eines Individuums ist in vielen Debatten die oberste Instanz, nicht zuletzt bei der Frage der Transgeschlechtlichkeit. Trotz der selbstverständlichen Bedeutung der subjektiven oder sogenannten erlebten Erfahrung ist unser Verstehen – wenn diese Erfahrung losgelöst von den Perspektiven, die zum Beispiel auch die Forschung oder die Geschichte einbringen können, betrachtet wird – auf den Raum begrenzt, den die Transgender-Bewegung in der zeitgenössischen Kultur eingenommen hat. Dies wiederum begrenzt die Fragen, die wir berechtigterweise stellen können, ohne Gefahr zu laufen, als transphob zu gelten. Deshalb liegt die Bedeutung, die die Triangulation verschiedener Perspektiven hat, meinem Ansatz in diesem Forschungsbereich und in diesem Buch zugrunde.

Auf den folgenden Seiten skizziere ich die Eckpfeiler einer *klinischen Position* bzw. Haltung, die ich bei meiner Arbeit mit Transgender-Patienten als hilfreich erlebt habe, anstatt eine spezifische Theorie über Transgeschlechtlichkeit zu entwickeln.

Wer über Transgeschlechtlichkeit schreibt oder öffentlich darüber spricht, begibt sich buchstäblich in die Schusslinie. Man kann nicht – unabhängig davon, welche Position man einnimmt – allen idiosynkratischen Erfahrungen oder Standpunkten gerecht werden: Die vorsichtige Befürwortung einer Transgender-Identifikation wird von einer Fraktion möglicherweise als transphobisch gedeutet, während andere vielleicht die Offenheit gegenüber einer medizinischen Transition als eine für einige Personen mögliche Option für unethisch halten. Moralische Panikmache kann das Denken beeinträchtigen, genauso wie das Bekenntnis zu Aufgeschlossenheit und Liberalität die Komplexität der Problematik möglicherweise verschleiert.

Mit den Fragen, die ich in den Vordergrund gerückt habe, ebenso wie mit denjenigen, die ich (bewusst oder unbewusst) weggelassen habe, werde ich mich sicherlich der Kritik aussetzen. Ich hoffe, dass diejenigen, die sich durch meine Ausführungen missverstanden oder übersehen fühlen, dadurch nicht zum Schweigen gebracht werden. Respektvoller Dialog und gegenseitige Herausforderung sind der einzige Weg, wie wir allgemein in der Gesellschaft mehr Toleranz erreichen und die Fürsorge und Unterstützung von Transgender-Personen vorantreiben können.

Jede Darstellung von Transgeschlechtlichkeit im Rahmen dieses knapp gefassten Einführungsbandes kann natürlich nicht erschöpfend sein. Die Kürze eines Buchs, das einen Überblick geben soll, macht sich allgemein gehaltene Aussagen zunutze. Genauso wenig, wie dieser Überblick die Heterogenität der Erfahrungen erfassen kann, die unter der Bezeichnung Transgeschlechtlichkeit subsumiert werden, spiegelt eine starre Geschlechtskategorisierung die Erfahrungen von Transgender- und gendernonkonformen Personen wider. Die Zusammenfassung eines Untersuchungsbereichs, wie ich sie in diesem Buch versuche, birgt zwangsläufig die Gefahr, dass wichtiges, differenziertes Denken zu kurz kommt.

Angesichts der Heterogenität von Transgender-Identitäten ist es deshalb wichtig, den Rahmen dieser begrenzten Arbeit abzustecken. Wenn ich von Transgender-Personen spreche, beziehe ich mich, sofern nicht anders angegeben, auf a) Personen, die sich seit Langem in ihrem Körper unwohl fühlen, was oft bis in die frühe Kindheit zurückreicht, und die sich mit einer binären Geschlechtskategorisierung identifizieren (sie wurden früher als »Transsexuelle« bezeichnet), b) Personen, die zum ersten Mal während oder nach der Pubertät ihren Körper und ihr Geschlecht als problematisch erleben und möglicherweise keine oder nur partielle körperliche Veränderungen anstreben und c) Personen, die ihr Geschlecht als fluid betrachten und sich selbst als nichtbinär oder gendernonkonform einstufen.

Ich konzentriere mich fast ausschließlich auf die Arbeit mit Personen aus diesen drei Gruppen, die aufgrund ihrer Transgender-Identifikation medizinische Interventionen in Anspruch nehmen. Ich beschränke mich hierauf, da diese Arbeit für Kliniker die größte Herausforderung darstellt und am häufigsten zu Kontroversen führt. In Anbetracht dieses Schwerpunkts lasse ich die Arbeit mit genderfluiden oder nichtbinären Patienten, die keine medizinischen Interventionen in Anspruch nehmen, unberücksichtigt.

Der Kürze halber verwende ich den Begriff »Transgender-Person«, meine damit aber immer »eine Person, die sich als Transgender-Person *identifiziert*«, das heißt, ich möchte Transgender nicht als einen »Zustand« reifizieren. Transgender/Transgeschlechtlichkeit ist meines Erachtens das Ergebnis eines dreiteiligen *psychischen Prozesses:* a) Die subjektive Identität in Bezug auf die Geschlechts- kategorie wird bewusst artikuliert, b) die Artikulation des Transgender-Seins ruft ein positives Gefühl der Anerkennung hervor und c) die daraus resultierende Identifikation geht mit dem Bedürfnis nach einer körperlichen Ausdrucksform der Transgender-Identität einher, was häufig, aber nicht immer, ein unterschiedliches Maß an medizinischer Intervention erforderlich macht.

Meine Arbeit mit Transgender-Personen und dieses Buch basieren auf zwei Vektoren. Der erste Vektor betrifft die *Erfahrung des Embodiment* und die damit verbundene Herausforderung: Wie können wir ein behagliches Zuhause in unserem Körper finden (siehe Kapitel 3)? Wenn wir dies nicht für eine zentrale Frage halten, die uns alle betrifft, laufen wir Gefahr, uns mit den Problemen von Transgender-Personen aus der Position eines Beobachters heraus zu befassen, der Herausforderungen betrachtet, die ihn vermeintlich nichts angehen. Vielmehr schlage ich vor, dass es uns bei dieser Arbeit hilft, wie Winnicott in weiser Voraussicht mahnte, wenn wir »den Einzug der Psyche in den Körper nicht als gegeben hinnehmen« (1998, S. 146). Stattdessen müssen wir sie als »eine Errungenschaft« (ebd., S. 146) betrachten. Dieser »Einzug« – oder wie Winnicott es an anderer Stelle mit dem poetisch anmutenden Bild der »im Soma innewohnenden Psyche« (1970) formulierte – verdeutlicht die Verwurzelung seelischer Strukturen in frühen sensorischen und affektiven Erfahrungen, ein Gedanke, den Freud (1923) in seinem Werk als Erster aufgriff.

Die Arbeit mit Transgender-Personen lädt uns dazu ein, den Körper und seine unbewussten Identifikationen aus einem erweiterten Blickwinkel zu betrachten. Dabei müssen wir uns vor Augen halten, wie diese Identifikationen sowohl aus entwicklungsbedingten Erfahrungen *als auch* aus umfassenden kulturellen Systemen resultieren, die die Erfahrung des Embodiment und damit die Identität prägen.

Durch den erweiterten Blickwinkel ist gewährleistet, dass wir uns nicht von den Anforderungen einer Theoriebildung ablenken lassen, der Erfahrung des Transgender-Seins eng gefasste ätiologische Hypothesen zugrunde zu legen. Stattdessen müssen wir bei unserer Arbeit die konkreten Körpererfahrungen unserer Patienten – in ihrem jeweiligen äußeren Kontext – zugrunde legen.

Angewandte Ethik ist der zweite Vektor, auf dem dieses Buch basiert. Traditionellerweise hat die Psychoanalyse die Frage der »Heilung« zugunsten ihrer Schwerpunktsetzung auf Einsicht zurückgestellt. Werden wir mit einer klinischen Situation konfrontiert, in der ein Patient Erleichterung von seelischem Schmerz durch die Modifikation seines Körpers sucht und er im Rahmen der Gesundheitsfürsorge medizinische Unterstützung erfährt, kommen wir nicht umhin, uns mit den ethischen Herausforderungen auseinanderzusetzen, die sich hieraus ergeben. Dies ist besonders dringlich, wenn wir es mit Kindern und Jugendlichen zu tun haben. Die Fragen, die von unter 18-Jährigen aufgeworfen werden, die eine medizinische Transition beantragen, haben das Denken in diesem Bereich zu Recht dominiert. Es ist jedoch wichtig, die Debatten über die Arbeit mit unter 18-Jährigen, die sich als Transgender-Personen identifizieren, von der Arbeit mit Erwachsenen zu trennen. Die jüngere Altersgruppe lässt uns in Bezug auf deren Fähigkeit, in medizinische Eingriffe einzuwilligen, sehr spezifische ethische Fragen stellen. Diese tragen möglicherweise auf wenig hilfreiche Weise zur Verwirrung bei und können die davon unabhängig zu beantwortende Frage nach der Einschätzung überdecken, ob eine medizinische Transition dem Wohl eines erwachsenen Patienten dient. Ein ethischer Rahmen, den ich in Kapitel 5 skizziere, ist unbedingt erforderlich, um systematisch untersuchen können, ob eine Modifikation des Körpers das Wohlbefinden eines Menschen verbessert, und zwar in Bezug auf seine interpersonellen und intrapsychischen Ressourcen, seine Präferenzen und Werte – und nicht auf die von den Therapeuten angenommene Theorie der psychischen Gesundheit und/oder deren Wertvorstellungen. Ohne Berücksichtigung der Frage nach den individuellen Ressourcen und Werten lassen sich Risiken und Nutzen von Änderungswünschen am »vorgegebenen« und medizinisch gesunden Körper nicht unvoreingenommen beurteilen.

Seit über zehn Jahren arbeite ich nun klinisch mit jugendlichen und erwachsenen Transgender-Personen, privat und in öffentlich finanzierten Einrichtungen. Zum Zeitpunkt des Schreibens dieses Buches nimmt die Arbeit mit Transgender-Patienten einen beträchtlichen Teil meiner praktischen Arbeit ein. Mein langjähriges Interesse am Körper und seinen Modifikationen haben mich zu dieser Arbeit geführt.

Ich hatte nun die Gelegenheit, mehrere Personen im Rahmen einer psychoanalytischen Therapie und Psychoanalyse zu begleiten, und zwar vom Moment ihres Coming-outs bis hin zu ihrer Entscheidung, sich in unterschiedlichem Ausmaß einer Körpermodifikation zu unterziehen, in einer Reihe von Fällen sogar einer vollständigen Geschlechtsangleichung (Sex Reassignment Surgery). Mit einigen Personen habe ich nach deren Operation viele Jahre lang gearbeitet. Zahlreiche andere habe ich begutachtet. Ich habe sowohl positive Ergebnisse als auch schmerzhafte Enttäuschungen und Zusammenbrüche bei Patienten nach einer sozialen und/oder medizinischen Transition erlebt. Auch wenn diese Zusammenbrüche nicht unweigerlich dazu geführt haben, dass die Betroffenen ihre Entscheidung bereuten, so war dies doch bei einigen der Fall. Ich habe auch mit jungen Menschen gearbeitet, die sich eine Identifikation als Transgender-Person zu eigen machten und sich verzweifelt einen medizinischen Eingriff wünschten. In einigen Fällen stellte sich im Laufe der therapeutischen Arbeit heraus, dass es sich um eine »vorübergehende« Identifikation handelte. Wäre diese Identifikation uneingeschränkt vom Therapeuten angenommen worden, hätte dies wahrscheinlich zu schlechteren Konsequenzen geführt (siehe Kapitel 4).

Einen sehr komprimierten Überblick über psychoanalytische Darstellungen von Transgeschlechtlichkeit gebe ich in Kapitel 2. In Kapitel 3 stelle ich meine eigenen Gedanken über Transgeschlechtlichkeit vor, die sowohl von der Bindungs- als auch der Objektbeziehungstheorie geprägt sind. Ich spreche hier nicht als Theoretiker, sondern als Kliniker mit einem primären Fokus auf der klinischen Arbeit. In diesem Buch setze ich mich nicht intensiv mit der konzeptionellen Komplexität von Gender und Sexualität auseinander und problematisiere sie auch nicht. Ich möchte hervorheben, dass ich meine klinischen Ideen nicht als Erklärung für Transgeschlechtlichkeit in einem absoluten oder einheitlichen Sinne präsentiere. Sie sind am besten als eine von mehreren Sichtweisen zu verstehen, die Licht auf die Erfahrungen einiger der Personen werfen können, die wir als Transgender-Personen bezeichnen. Jeder klinische Fall, den ich vorstelle, illustriert eine Facette der Transgender-Erfahrung, aber in jedem Fall ist es nur eine Facette. Ich hoffe, meine Beträge werden in diesem Sinne gelesen und die Bedeutung sämtlicher Ideen, die ich untersuche, werden in dem erweiterten Kontext der in diesem Buch dargelegten Gesamtposition beurteilt.

Die klinische Arbeit und die vielfältigen Erfahrungen, die ich sowohl angesichts positiver als auch negativer Entwicklungsverläufe gemacht habe und die den Hintergrund dieses Buches bilden, zeigen, wie vielfältig die Transgender-Erfahrungen sind und wie wichtig es für den Therapeuten ist, sich die Unterschiedlichkeit der potenziellen Entwicklungsverläufe bewusst zu machen.

Dadurch ist sichergestellt, dass wir nicht schon bei der ersten Hürde der Vorurteile scheitern und die Möglichkeiten, die eine medizinische Transition für manche Menschen bietet, vorschnell ausschließen, vorausgesetzt, sie sind fähig, ihre Einwilligung zu geben. Dies entspricht vielleicht nicht der Art und Weise, wie ein Therapeut leben möchte, aber es ist möglicherweise die beste Vorgehensweise für bestimmte Patienten. Es ist ebenso wichtig, dass wir unser Denken nicht zugunsten der eng gefassten Interessen der politischen Korrektheit opfern: Ich bin mir darüber im Klaren, dass insbesondere Kindern und jungen Menschen nicht geholfen ist, wenn sie – ohne angemessene psychologische Untersuchung – in ihrem selbst festgelegten Geschlecht uneingeschränkt anerkannt und bekräftigt werden.

Zwangsläufig kamen alle Transgender-Patienten, mit denen ich gearbeitet habe, zu mir, weil sie Schwierigkeiten hatten. Sie sind daher nicht repräsentativ für die heterogene Gesamtheit der Transgender-Personen. Alle Beobachtungen, die ich weitergebe, kommen sozusagen von der Couch. Es gibt viele weitere Transgender-Personen, die nie die Schwelle eines Sprechzimmers überschreiten und aus deren Erfahrungen wir ebenfalls viel lernen können.

Kapitel 1

Forschungsperspektiven zum Thema Transgeschlechtlichkeit

Warum beginnt ein Buch, das von psychoanalytischem Nachdenken über Transgeschlechtlichkeit handelt, mit einem Kapitel über Forschung? Dies liegt nicht daran, dass ich Forschungsarbeiten für wichtiger halte als psychoanalytischen Ansichten zu diesem Thema. Es ist vielmehr folgendermaßen: Die Forschung bietet trotz ihrer Grenzen einen nützlichen Hintergrundkontext für die Untersuchung der psychoanalytischen Ideen und Kontroversen, die ich in den folgenden Kapiteln behandle. Sie stützt sich auf größere Stichproben von Transgender-Personen als die Einzelfallstudien, die die Psychoanalyse kennzeichnen. Beide Arten von Daten sind wichtig.

Forschungsstudien liefern keine endgültigen Schlussfolgerungen, da sie niemals in einem absoluten Sinne abschließend sein können und uns vor allem zum Thema Transgeschlechtlichkeit vor viele Herausforderungen stellen. Vielen der verwendeten Begriffe, nicht zuletzt dem Begriff Transgeschlechtlichkeit selbst, fehlt die epistemologische Klarheit. Es liegt in der Natur der Sache, dass zum Thema Transgender-Erfahrung nicht einfach Kontrollgruppen zusammengestellt werden können. Darüber hinaus handelt es sich bei der Transgender-Forschung um ein relativ neues Forschungsgebiet mit sehr wenigen Längsschnittstudien, auch wenn die Zahl der Studien zu diesem Thema rasch zunimmt. Letztere sind unerlässlich. Nur auf der Grundlage von Folgestudien können wir uns mit einigen der wichtigsten Fragen befassen, die Kliniker belasten: Wie kommt es zu Transgender-Identifikationen und -Disidentifikationen? Welche langfristigen körperlichen und psychischen Auswirkungen hat eine soziale und/oder medizinische Transition auf die Gesundheit der Personen, die dieses Ziel verfolgen? Welche Art von therapeutischer Reaktion ist am hilfreichsten, wenn Menschen berichten, dass sie »transgender«[4] sind? Und wie können wir die Genauigkeit bei der Diagnose Geschlechtsdysphorie verbessern, damit wir Kinder, die fälschlicherweise als positiv diagnostiziert wurden, zuverlässiger identifizieren können?

Der Forschungsüberblick ist bewusst kurzgehalten, da der vorliegende Text in erster Linie als psychoanalytische Orientierung zum Thema und nicht als umfassende Darstellung des Forschungsstandes gedacht ist. Dennoch ist es hilfreich, zumindest einige der wichtigsten Forschungsanliegen zu kennen, die bei Bedarf vertieft werden können.

Wie kommt es zu einer Transgender-Identifikation?

Die Frage nach dem »Warum« ist für einen psychoanalytischen Ansatz von zentraler Bedeutung. Um die Bedeutung und Funktion einer Transgender-Identifikation näher untersuchen zu können, liegt es auf der Hand, den Schwerpunkt der Arbeit auf die spezifische Entwicklungsgeschichte und die innere Welt des Patienten zu legen. Außerhalb der psychoanalytischen Perspektive geht es bei dem »Warum« um den Gegensatz »Natur« vs. »Umwelt«, der in Bezug auf die Geschlechtsidentität noch nicht geklärt ist. Die Ursachen für eine Identifikation mit dem anderen Geschlecht und den Wunsch nach einer Geschlechtsangleichung sind nach wie vor schwer zu ergründen. Ungeachtet dessen deuten die vorliegenden Daten darauf

4 Gegenwärtig stellen diese Antworten einen Kompromiss zwischen den affirmativen Ansätzen und den Ansätzen »Abwarten und Beobachten« und »In der eigenen Haut leben« dar.

hin, dass einzelne Elemente sowohl der Identität als auch der Ausdrucksform des Geschlechts auf eine Kombination von biologischen und psychosozialen Faktoren zurückzuführen sind. Was die großen konzeptionellen Unterschiede betrifft, so wird jede Literaturrecherche Argumente für beide Seiten liefern. In ihrer Gesamtheit ist die Beweislage nicht eindeutig und es gibt keinen theoretischen Konsens (z. B. Di Ceglie & Freedman, 1998; Roughgarden, 2013; Zucker & Bradley, 1995; Turban & Ehrensaft, 2018).

Die Überlegung, dass bei Transgeschlechtlichkeit eine genetische Komponente eine Rolle spielen könnte, ergibt sich aus Studien mit eineiigen und zweieiigen Zwillingen; sie deuten darauf hin, dass die Identifizierung mit dem anderen Geschlecht zu etwa 70 Prozent vererbt wird (Coolidge, Thede & Young, 2002; van Beijsterveldt, Hudziak, & Boomsma, 2006). Diese Studien sind jedoch aufgrund der angewandten Screening-Maßnahmen begrenzt aussagekräftig, denn es lässt sich nicht genau feststellen, ob es sich bei den Teilnehmern tatsächlich um Transgender-Personen handelt. Die Rolle, die pränatale Steroidhormone spielen, hat eine biologische Sichtweise auf Transgender-Identifikationen maßgeblich gefördert. Forschungen mit Tieren liefern einige Belege dafür, dass ein hoher pränataler Testosteronspiegel dazu führen kann, dass XX-Tiere ein Rollenverhalten zeigen, das eher dem anderen Geschlecht entspricht (Hines, 2006). Studien an Menschen mit Abweichungen oder Störungen in ihrer sexuellen Entwicklung stützen diese Theorie teilweise: So entwickelt beispielsweise die große Mehrheit der XY-Personen mit vollständiger Androgenresistenz eine weibliche Geschlechtsidentität (Mazur, 2005).

Mehrere Autoren wiesen allerdings darauf hin, dass diese Personen in der Regel als Frauen erzogen wurden und deshalb psychosoziale Faktoren eine Rolle spielen könnten (Hines, 2009).

Mehrere psychosoziale Faktoren wurden als mögliche Determinanten einer Identifikation mit dem anderen Geschlecht untersucht, wie beispielsweise elterliche Merkmale (z.B. der Wunsch der Mutter nach einem Kind des anderen Geschlechts, die Abwesenheit des Vaters und das psychologische Funktionsniveau der Eltern, u.a.). Keine dieser Hypothesen wurde systematisch überprüft (Steensma u.a., 2013c). Psychoanalytiker werden aus ihrer Praxis viele konkrete Fälle kennen, bei denen eine psychogene Erklärung am überzeugendsten zu sein scheint; hierfür werde ich in den folgenden Kapiteln einige Beispiele nennen. Das Fehlen systematischer Studien zur Validierung solcher Hypothesen bedeutet nicht, dass psychogene Erklärungen keinen Platz im Verständnis von Transgeschlechtlichkeit haben. Es warnt uns aber davor, zu verallgemeinern oder Transgender-Identifikationen auf eine einzige psychologische Ursache in der individuellen Entwicklung zu reduzieren. Nimmt man die Ergebnisse sowohl aus der Biologie als auch der Psychologie zusammen, so legen sie tatsächlich nahe, dass wir zum Verständnis von Transgeschlechtlichkeit komplexe Formulierungen benötigen, die die Grenzen einer einzelnen Disziplin überschreiten.

Psychiatrische Komorbidität und Suizid

Mit der Abkehr von einer psychiatrischen Nomenklatur, die eine Transgender-Identifikation als Störung einstuft, hat sich der Schwerpunkt auf die Probleme hinsichtlich der psychischen Gesundheit verlagert, die mit einer Transgender-Identifikation einhergehen und/oder durch sie schlimmer werden. Diese Forschung ist substanzieller, konsistenter und für die klinische Praxis äußerst relevant.

Die häufigsten psychiatrischen Erkrankungen bei Transgender-Personen sind *internalisierende Psychopathologien* wie Depressionen und Angststörungen (de Vries et al., 2016; Skagerberg, Davidson & Carmichael, 2013; Steensma et al., 2014). Man geht davon aus, dass diese Zustände zurückzuführen sind auf a) Stress im

Zusammenhang mit der Zugehörigkeit zu einer Minderheitengruppe, b) Dysphorie im Zusammenhang mit einem Körper, dessen Entwicklung nicht mit der eigenen Geschlechtsidentität übereinstimmt, und/oder c) Stress, der durch familiäre und/oder gesellschaftliche Reaktionen auf diese Inkongruenz entsteht. Viele dieser Daten stammen aus Studien mit jungen Menschen, die an Kliniken für Transgender-Personen überwiesen wurden. In diesen Studien liegen bei 12,4 bis 64 Prozent der Patienten affektive Störungen und bei 16,3 bis 55 Prozent der Patienten Angststörungen vor (Holt, Skagerberg & Dunsford, 2016; Khatchadourian, Amed & Metzger, 2014; Olson et al., 2015; Skagerberg, Davidson & Carmichael, 2013; de Vries et al., 2011); diese Symptome scheinen mit zunehmendem Alter stärker zu werden (Steensma et al., 2014; de Vries et al., 2011).

Es liegen Schätzungen vor, nach denen 80 Prozent der Transgender-Jugendlichen Opfer von Mobbing sind (McGuire u.a., 2010). Schlechte Beziehungen zu Gleichaltrigen haben sich als eines der zuverlässigsten Prädiktoren für internalisierende Psychopathologien erwiesen (de Vries et al., 2016). Jugendliche und erwachsene Transgender-Personen erleben den enormen Stress, dem Minderheiten infolge von Stigmatisierung, Vorurteilen und Diskriminierung über ihr gesamtes Leben hinweg ausgesetzt sind (Bockting et al., 2013); dies deutet darauf hin, dass soziale Reaktionen eine wichtige Rolle bei den berichteten psychiatrischen Erkrankungen spielen.

Wir müssen die tatsächlichen Auswirkungen negativer gesellschaftlicher Reaktionen anerkennen und auf der gesellschaftlichen Ebene angehen. Hierbei können wir jedoch nicht ausschließen, dass einige Transgender-Personen Probleme aus früheren Lebensphasen haben, die *nicht* Folge ihres Transgender-Seins sind, sondern dazu beigetragen haben, dass sie sich überhaupt erst als Transgender-Personen identifizieren. In Finnland beispielsweise untersuchten über einen Zeitraum von zwei Jahren Kaltiala-Heino und Kollegen (2015) die Überweisungen an eine Klinik für Jugendliche mit Problemen bezüglich ihrer Geschlechtsidentität. Sie fanden hohe Zahlen, was psychische Gesundheitsprobleme, soziale Isolation und Mobbing betrifft, und es erscheint wichtig: Die meisten Mobbingfälle gingen dem Auftreten der Geschlechtsdysphorien voraus und hingen nicht mit einer Geschlechtsinkongruenz zusammen.

Bei Transgender-Personen ist die Wahrscheinlichkeit eines *Selbstmordversuchs* deutlich höher als in der Allgemeinbevölkerung. Erwachsene Transgender-Personen haben über die gesamte Lebensspanne hinweg eine Suizidversuchsrate von etwa 41 Prozent (Haas, Rodgers & Herman, 2014). Studien haben gezeigt: Jugendliche, die an Einrichtungen, die Geschlechtsidentitätsstörungen behandeln, überwiesen werden, haben ein erhöhtes Suizidalitätsrisiko, das außerdem mit zunehmendem Alter steigt (Aitken et al., 2015). Bei jugendlichen Transgender-Personen, die hormonelle Interventionen in Anspruch nehmen, zeigen Studien einen steilen Anstieg der Suizidversuche mit zunehmendem Alter: 9,3 Prozent bei einem Durchschnittsalter von 14,8 Jahren (Spack et al., 2012), 30 Prozent bei einem Durchschnittsalter von 19,2 Jahren (Olson et al., 2015) und 41 Prozent bei erwachsenen Transgender-Personen (James et al., 2020).

Es gibt Unterschiede im suizidalen Verhalten, was die Heterogenität von Transgender-Populationen unterstreicht. In Übereinstimmung mit einigen Studien, die an jugendlichen und erwachsenen Transgender-Personen in deren Communities durchgeführt wurden, fanden Toomey, Syvertsen und Shramko (2018) heraus, dass jugendliche Frau-zu-Mann-Transidente und nicht-binäre Jugendliche die höchsten Raten an suizidalem Verhalten aufwiesen; sie lagen über den Zahlen, die bei Kontrollgruppen von Cisgender-Personen gemeldet wurden. Darüber hinaus stellten sie fest: Eine Überschneidung von Problemen mit sexueller Orientierung und Geschlechtsidentität ist mit einem erhöhten Risiko für suizidales Verhalten verbunden (fast zwei- bis viermal höhere Quoten im Vergleich zu jugendlichen

Transgender-Personen, die sich nur als heterosexuell identifizieren). Außerdem schien bei den meisten Transgender-Untergruppen, die im urbanen Raum lebten und deren Eltern ein höheres Bildungsniveau aufwiesen, das Suizidrisiko durch diese Faktoren nicht abzunehmen, wie dies bei cisgender weiblichen und männlichen Jugendlichen der Fall war. Die Forschungsergebnisse deuten darauf hin, dass elterliche und familiäre Reaktionen auf Transgender-Identifizierungen signifikant mit Suizidalität korrelieren (Grant et al., 2011), aber auch, dass negative Reaktionen nicht auf bestimmte soziodemografische Gruppen begrenzt sind.

Autismus-Spektrum-Störungen (ASS) sind bei Kindern und Jugendlichen, die Schwierigkeiten mit ihrer Geschlechtsidentität haben und sich an die entsprechenden Beratungsstellen wenden, regelmäßig überrepräsentiert. Dies hat einige Forscher dazu veranlasst, einen Zusammenhang zwischen ASS und Geschlechtsdysphorie herzustellen (Skagerberg, Di Ceglie & Carmichael, 2015). ASS-Symptome treten bei 5–20 Prozent der an Kliniken für Geschlechtsidentitätsstörungen überwiesenen Jugendlichen auf (de Vries et al., 2010; Pasterski, Gilligan & Curtis, 2014), verglichen mit etwa einem Prozent der Allgemeinbevölkerung, die die Kriterien für ASS erfüllen (Lai, Lombardo & Baron-Cohen, 2014). Forschungen, die einen möglichen Zusammenhang mit ASS untersuchen, sind problematisch, da sie breit gefächerte Definitionen von Transgeschlechtlichkeit einbeziehen (z.B. Kinder, die »manchmal das andere Geschlecht sein wollten«), was eine Verallgemeinerung sehr schwierig macht. Interessanterweise war in einer Studie die Anzahl der Personen, die sich mit dem anderen Geschlecht identifizieren, in einer Population mit Aufmerksamkeitsdefizit-/Hyperaktivitätsstörungen ähnlich hoch, was die Frage aufwirft, ob es einen Zusammenhang zwischen Geschlechtsdysphorie und ASS gibt oder ob Personen mit Geschlechtsdysphorie in Populationen, die an Kliniken überwiesen wurden, generell überrepräsentiert sind (Strang et al., 2014).

Dies deckt sich teilweise mit der Studie von van der Lan und Kollegen (2015), die nahelegt, dass besonders intensive zwanghafte Neigungen zu den vermuteten Mechanismen gehören, die der möglichen Koinzidenz von Geschlechtsdysphorie und ASS zugrunde liegen.

Probleme mit der Geschlechtsidentität könnten daraus bei Personen mit ASS-Symptomen aus ihrer Beschäftigung mit außergewöhnlichen Interessen resultieren oder die Geschlechtsdysphorie bei Personen mit ASS-Symptomen weist eher auf eine Zwangsstörung hin als auf echte Probleme mit der Geschlechtsidentität. Es ist auch möglich, dass die Erfahrung von Kindern mit ASS-Symptomen, anders zu sein oder ausgegrenzt zu werden, die Entwicklung von Geschlechtsdysphorie in der Adoleszenz beeinflusst. Was wichtig ist: Das starre Denken, das für Kinder mit ASS-Symptomen charakteristisch ist, trägt zu ihrer hartnäckigen Überzeugung bei, dass sie transgender sind. Dies wiederum kann fälschlicherweise als Bestätigung der ursprünglichen Diagnose der Geschlechtsdysphorie gedeutet werden, die zu dieser Fehleinschätzung führt.

Ergebnisse einer Transition: Aufgeben der Identifizierung, Festhalten an der Identifizierung und längerfristige Anpassung

Es gibt zwei Hauptstränge in der Ergebnisforschung. Der erste Strang betrifft den Werdegang von Kindern, die sich als Transgender-Personen identifizieren, im Hinblick darauf, ob sie den Weg einer medizinischen Behandlung einschlagen. Der zweite Strang befasst sich mit den längerfristigen Ergebnissen nach einer medizinischen Transition.

Die Daten über die Ergebnisse von Kindern, die sich als Transgender-Personen identifizieren, sind begrenzt, da die Zunahme der

Überweisungen in dieser Altersgruppe relativ neu ist. Der Großteil der bisherigen klinischen Forschung, sowohl zur nichtmedizinischen sozialen Transition als auch zu hormonellen Interventionen, basiert auf Personen, die binär transgender sind (d.h. Personen, denen bei der Geburt das männliche Geschlecht zugewiesen wurde und die sich als weiblich identifizieren, oder Personen, denen bei der Geburt das weibliche Geschlecht zugewiesen wurde und die sich als männlich identifizieren). Es gibt vergleichsweise wenige Informationen über genderdiverse und nichtbinäre Jugendliche, die sich nicht als Transgender-Personen im binären Sinne identifizieren. Weitere Forschungsarbeiten sind erforderlich, um festzustellen, ob und wie sich diese jungen Menschen voneinander unterscheiden.

In mehreren Studien wurde versucht, den Prozentsatz der präpubertären Kinder zu messen, die sich mit dem anderen Geschlecht identifizieren und die dies im Jugend- und Erwachsenenalter weiterhin tun (d.h., an ihrer Identifizierung festhalten), im Gegensatz zu denjenigen, die diese Form der Identifizierung beenden (d.h., ihre Identifizierung aufgeben).[5] Fast alle diese Studien wiesen methodische Mängel auf. Einige haben unterschwellige Fälle von Geschlechtsdysphorie in der Kindheit miteinbezogen (Olson, 2016). Aus dem Zeitpunkt der Studien ergibt sich eine interessante Perspektive: Studien, die *nach* 2000 durchgeführt wurden und bei denen somit von einem vergleichsweise toleranteren sozialen Umfeld und dementsprechend mehr Überweisungen ausgegangen werden kann, schätzen die Zahl derer, die an ihrer Identifizierung festgehalten haben, auf 12–39 Prozent (Drummond et al., 2008; Singh, 2012; Steensma, 2013b; Wallien & Cohen-Kettenis, 2008), während

5 Siehe Temple Newhook et al. (2018) für deren Kritik an der Einteilung in Menschen, die an ihrer Identifizierung als Transgender-Personen festhalten, und Menschen, die diese aufgeben. Diese Kategorisierung verstärkt ihrer Meinung nach eine begrenzte binäre Perspektive auf Gender und Sexualität.

Studien, die *vor* 2000 durchgeführt wurden, von niedrigeren Zahlen (2–9 Prozent) ausgehen (Green, 1987; Zuger, 1984). Trotz der deutlichen Unterschiede je nach Untersuchungszeitraum ist es interessant, dass die Ausstiegsquote (die Zahl derer, die ihre Identifizierung aufgaben) in beiden Zeiträumen höher ist als die Verbleibquote (die Zahl derer, die an ihrer Identifizierung festhielten) (Butler et al., 2018; Richards, Maxwell & McCune, 2019).

In den bisher durchgeführten multivarianten Analysen wurden die Prädiktoren für das Festhalten an der Identifizierung bei Personen, die mit dem anderen Geschlecht identifiziert waren, von der Kindheit bis ins Jugendalter untersucht. Die Forscher fanden heraus, dass folgende Prädiktoren mit dem Festhalten an der Identifizierung assoziiert sind: höheres Alter bei der Überweisung an die Gender-Klinik, niedrigerer sozioökonomischer Status, bei der Geburt zugewiesenes weibliches Geschlecht und frühe soziale Transition (Steensma et al., 2013b). Die Studien über Ausstiegsquoten legen nahe, dass das Erreichen der Pubertät ein wichtiger Meilenstein für die Entwicklung der Geschlechtsidentität ist und dass in dieser Phase eher ständige Veränderungen als Stabilität an der Tagesordnung sind. Ungeachtet einiger Einschränkungen dieser Studien ist es angesichts der hohen Ausstiegsquoten ratsam, den Zeitpunkt irreversibler oder teilweise reversibler medizinischer Eingriffe (z. B. Hormone oder Operationen, um dem anderen Geschlecht zu entsprechen) sorgfältig abzuwägen, bevor die psychosexuelle Entwicklung eines Kindes eindeutig geklärt ist (Giordano, 2019).

Aufgrund der Begrenztheit der gegenwärtigen Forschungslage haben wir noch keine klare, zuverlässige Darstellung des natürlichen Verlaufs einer Identifizierung mit dem anderen Geschlecht von der Kindheit bis zur Adoleszenz. Bündelt man aber die klinischen Beobachtungen von Experten, die sich in ihrer Arbeit mit Kindern auf Genderfragen spezialisiert haben, ergibt sich eine kleine Gruppe von Kindern, die in der frühen Kindheit eine Transgender-Identität artikulieren und an dieser affirmierten Identität vom frühen Kindesalter bis zur Pubertät und darüber hinaus festhalten (Ehrensaft, 2017).

Was das Festhalten an der Identifizierung vom Jugendalter bis ins Erwachsenenalter betrifft, so liegen ebenfalls nur wenige Daten vor. Allerdings: In einer Studie mit 55 niederländischen Jugendlichen, die eine Gender-Klinik für hormonelle Interventionen aufsuchten, identifizierten sich 100 Prozent auch im jungen Erwachsenenalter als Transgender-Personen (de Vries et al., 2014). Solche Ergebnisse können damit konfundiert sein, dass wir davon ausgehen müssen, dass es schwieriger wird, einen anderen Weg einzuschlagen, wenn erst einmal Hormone des anderen Geschlechts verschrieben wurden. Es kann aber auch sein, dass Menschen an ihrem Leben als Transgender-Personen festhalten, weil es sich für sie richtig anfühlt und weil es ihnen erlaubt, ein besseres Leben zu führen.

Ein sehr wichtiger Forschungsstrang befasst sich mit der *sexuellen Orientierung*. Aktuelle Untersuchungen einer niederländischen Gruppe von 879 Jugendlichen ergaben, dass ein vom biologischen Geschlecht abweichendes Verhalten in der Kindheit mit einer gleichgeschlechtlichen sexuellen Orientierung in Erwachsenenalter einherging (Steensma et al., 2013b). Die Tatsache, dass viele genderdiverse Kinder nach der Pubertät ihre gleichgeschlechtliche sexuelle Orientierung entdecken, könnte auf Folgendes hindeuten: Das Erreichen der Pubertät, die Auswirkungen der Hormone und der Verlauf des sexuellen Experimentierens stellen für den jungen Heranwachsenden möglicherweise einen Entwicklungsimpuls dar, der zum Verstehen seiner Geschlechtsidentität und deren Beziehung zu seiner Sexualität beiträgt. Einige Studien kamen zu dem Ergebnis, dass gleichgeschlechtliche Anziehung besonders häufig bei von Geburt aus weiblichen Personen vorkommt. Nur 8,5 Prozent der Mädchen, die sich an Einrichtungen mit einem Schwerpunkt auf Geschlechtsidentität wenden, sagen von sich, dass sie sich hauptsächlich zu Jungen hingezogen fühlen (Holt, Skagerberg & Dunsford,

2016). Dies wirft wichtige Fragen zur gegenwärtigen gesellschaftlichen Akzeptanz von Mädchen auf, die sich als lesbisch identifizieren. Möglicherweise haben zumindest einige Mädchen das Gefühl, es sei akzeptabler – ja sogar sicherer –, sich als Junge zu identifizieren, und zwar aufgrund dessen, was Kliniker als internalisierte Homophobie bezeichnen (Griffin et al., 2020).

Was die *soziale Transition* bei präpubertären Transgender-Jugendlichen betrifft, liegen nur Querschnittdaten und keine Längsschnittdaten vor. Insgesamt scheinen diese Daten die Annahme zu bekräftigen, dass eine frühe soziale Transition von Vorteil ist. Es sind jedoch weitere Forschungsarbeiten erforderlich, um zu verstehen, wie sich die psychische Gesundheit dieser Kinder im Laufe der Zeit verändert, ungeachtet etwaiger unmittelbarer positiver Auswirkungen, die man erwarten könnte, die aber letztlich wenig über die längerfristigen Vor- und Nachteile aussagen.

Es gibt wenige verlässliche Daten über die längerfristigen *Folgen einer medizinischen Transition.* Insgesamt lassen die methodischen Mängel der Studien keine sicheren Schlussfolgerungen über den Nutzen einer frühen medizinischen Transition zu. Bei geschlechtsangleichenden Operationen (GaOP/SRS) sind randomisierte kontrollierte Studien naturgemäß nicht durchführbar. Um zu beurteilen, ob es sich bei einer GaOP um eine wirksame Behandlung der Geschlechtsdysphorie handelt, vergleichen die Studien in der Regel die vor und nach der Behandlung berichtete Geschlechtsdysphorie und die Lebensqualität. Diese Studien legen nahe, dass eine Hormonbehandlung und eine GaOP die Lebensqualität und Geschlechtsdysphorie verbessern (Defreyne, Motmans & T'Sjoen, 2017; Wouter et al., 2016). Doch auch hier sind viele der Studien methodisch mangelhaft (Murad et al., 2010). Eine aktuelle Studie ist ein gutes Beispiel dafür, wie irreführend Daten sein können.

Die Studie von Bränström und Pachankis (2020) deutet darauf hin, dass ein längerer Zeitraum seit einer geschlechtsangleichenden

Operation mit einer weniger umfangreichen psychischen Behandlung assoziiert ist. Auf Nachfrage (Anckarsäter & Gillberg, 2020) werteten die Autoren die Daten jedoch erneut aus, um die Ergebnisse von Personen mit diagnostizierter Geschlechtsinkongruenz, die eine GaOP erhalten hatten, und solchen mit diagnostizierter Geschlechtsinkongruenz, die keine GaOP erhalten hatten, zu vergleichen. In diesem Vergleich zeigten die Ergebnisse keine Vorteile einer Operation hinsichtlich nachfolgender Krankenhausaufenthalte zur Behandlung von affektiven Störungen oder Angststörungen, der Ausstellung ärztlicher Rezepte oder Krankenhausaufenthalten nach Suizidversuchen.

Je länger der Zeitraum der Folgestudien ist, desto mehr Fragen tauchen auf, ob eine GaOP die psychische Morbidität verringert, wobei einige Untersuchungen darauf hindeuten, dass sie bei manchen Personen sogar zunehmen kann (Simonsen et al., 2016). Bemerkenswert in Bezug auf die Qualität und die Dauer einer Untersuchung ist die über 30 Jahre andauernde Follow-up-Studie von Dhejne und Kollegen (2011) an 324 Personen aus Schweden, die sich einer GaOP unterzogen hatten. Sie fanden bei diesen Transgender-Personen nach einer GaOP deutlich höhere Zahlen bezüglich der Gesamtmortalität (Tod durch Herz-Kreislauf-Erkrankungen und Suizid), Suizidversuchen und psychiatrischen Krankenhausaufenthalten im Vergleich zu einer gesunden, nach Alter und Geschlecht vergleichbaren Kontrollgruppe. Dies unterstreicht, dass es sich bei diesen Personen nach einer Operation um eine Risikogruppe handelt, die eine langfristige psychiatrische/psychologische und medizinische Betreuung benötigt. Das schlechtere Ergebnis der vorliegenden Untersuchung könnte auf den längeren Zeitraum (mehr als zehn Jahre) im Vergleich zu früheren Studien zurückzuführen sein. Die Sterblichkeit aufgrund von Selbstmord war bei den Personen, die sich einer GaOP unterzogen hatten, selbst bei Berücksichtigung einer früheren psychiatrischen Morbidität, erstaunlich hoch.

Dies deutet darauf hin: Trotz der Tatsache, dass eine GaOP bei einigen Menschen die Geschlechtsdysphorie lindert, muss bei Transgender-Personen nicht nur vor, sondern auch nach einer GaOP eine gleichzeitig auftretende psychiatrische Morbidität identifiziert und behandelt werden.

Wegweiser

Ich möchte mit dieser komprimierten und zugegebenermaßen sehr selektiven Momentaufnahme der Transgender-Forschung vor allem aufzeigen, wie wenig wir wissen, und die beträchtlichen methodologischen und epistemologischen Probleme hervorheben, mit denen es die Forschung in diesem Bereich zu tun hat.

Wenn wir uns einen Überblick über die uns zu Verfügung stehende Forschung verschaffen, tun wir gut daran, uns vor Augen zu halten, dass es sich bei den klinischen Fächern und Forschungsdisziplinen um Konstrukte handelt, um komplexe Identitäten und Handlungen besser verstehen zu können. Sie offenbaren unweigerlich die Voreingenommenheit und den unterschiedlichen Aufwand der Personen, die die Forschung durchführen. Wissenschaft ist genauso anfällig für unbewusste Voreingenommenheit wie jede andere Disziplin. Trotz dieser Vorbehalte bietet Forschung, wenn sie gut durchgeführt wird und mit anderen Informationsquellen abgeglichen werden kann, ein wichtiges Korrektiv für auf Vorurteilen basierende Hypothesen; zumindest sind wir dazu aufgefordert, innezuhalten, bevor wir voreilige Schlüsse ziehen, zu denen wir implizit tendieren. Die Anzahl von Personen, die ihre Identifizierung mit dem anderen Geschlecht wieder aufgeben, sollte uns zur Vorsicht mahnen, den Wunsch junger Menschen nach einer medizinischen Transition zu unterstützen. Genauso sollten wir aber auch die Möglichkeit in Betracht ziehen, dass zumindest für einige Menschen eine soziale und/oder medizinische Transition Vorteile bringt, die die damit verbundenen Risiken aufwiegen. Es ist allerdings auch klar, dass eine medizinische Transition nicht ohne Weiteres direkt zu einer Verbesserung des Wohlbefindens führt.

Die in diesem Kapitel betrachteten Forschungsergebnisse machen uns immer wieder auf die Tatsache einer ausgeprägten Komorbidität (vor und nach einer Diagnose und/oder einer Transition) und die langfristigen psychiatrischen und psychotherapeutischen Erfordernisse von Transgender-Personen aufmerksam. Eine Transition mag für eine bestimmte Person die beste Alternative sein, aber selbst wenn die Veränderung des Körpers zu einer gewissen emotionalen Erleichterung und Kohärenz der Identität führt, bringen die mit einer medizinischen Transition einhergehenden psychischen und physischen Belastungen ihre Herausforderungen mit sich.

Eine übereinstimmende Erfahrung konnte ich bei all meinen Patienten beobachten: Eine medizinische Transition, wenn sie denn durchgeführt wird, ist sowohl psychisch als auch physisch extrem belastend. Alle, die sich diesem Prozess unterzogen und es nicht bereuten, gaben jedoch auch zu, dass sie im Vorfeld und nach der Operation immer mit physischen und psychischen Belastungen und Enttäuschungen konfrontiert waren. So entspricht beispielsweise der fantasierte Wunschkörper nur selten der Realität des post-operativen Körpers. Auch die Frage, ob oder wann man einem Sexualpartner mitteilen soll, dass man sich einer GaOP unterzogen hat, stellt eine große Herausforderung dar, da man sich dann der Ablehnung und Scham vor möglichen Partnern aussetzt. Diese eher schmerzhafte Realität wird gefährlicherweise übersehen, wenn dem stärkenden Potenzial einer Transition eine zu große Bedeutung beigemessen wird.

Eine Person entwickelt innere Stärke, wenn sie sich der Realität stellt – und dieser Prozess beinhaltet die Konfrontation mit Enttäuschungen und Verlusten –, damit die getroffenen Entscheidungen wirklich fundiert sein können. Der Prozess der Entscheidungsfindung hinsichtlich der Durchführung von Transitionen sollte uns als psychoanalytische Praktiker beschäftigen. Ich werde auf diese wichtige, damit verbundene ethische Frage in Kapitel 5 zurückkommen.

Kapitel 2

Transgeschlechtlichkeit verstehen

Kontroversen und Herausforderungen

Freud war sich der »Ungerechtigkeit« bewusst, dass – wie er es ausdrückte – von uns allen ein einheitliches Sexualverhalten erwartet wird: »Es ist eine der offenkundigen sozialen Ungerechtigkeiten, wenn der kulturelle Standard von allen Personen die nämliche Führung des Sexuallebens fordert.« (1908, S. 155) Dasselbe ließe sich über das Geschlecht sagen. Die aktuellen Diskussionen über Transgeschlechtlichkeit erweitern unseren Blick auf die früheren Diskussionen über Heteronormativität und stellen die ursprünglichen binären, angeblich unvereinbaren Kategorien von »Mann« und »Frau« in Frage, anstatt einen umfassenderen Begriff von Unterschiedlichkeit zuzulassen. Wenn es bei dem Begriff Gender um Identität geht, die nicht an die Fesseln der Anatomie und der gesellschaftlichen Erwartungen gebunden ist, sollte es keine vorgegebene Art und Weise geben, wie jemand sein Geschlecht ausdrückt. Deleuze und Guattari (2002 [1987]) schlugen provokativ vor, dass wir uns nicht auf zwei Geschlechter beschränken, sondern in Begriffen von »*n*-Geschlechtern« denken sollten. Ein kurzer Blick auf die zahlreichen Geschlechtskategorien, unter denen die Nutzer in verschiedenen sozialen Medien sich zu erkennen geben können, zeigt, dass wir heutzutage in Begriffen von *n*-Geschlechtern denken.

Diese Erweiterung der Art und Weise, wie wir unser Geschlecht im 21. Jahrhundert konstruieren und präsentieren, schreitet voran: Niemand sollte sich in seinem Handeln, Fühlen oder der Art, wie er sich körperlich in der Welt präsentiert, eingeschränkt fühlen, damit er in Bezug darauf, wie er sein Geschlecht »mit Leben erfüllt«, mit sich übereinstimmt (Chodorow, 2004, S. 189). Der Fokus der Psychoanalyse darauf, dass das Tolerieren der sexuellen Unterschiedlichkeit eine große psychische Bedeutung hat, was – wie Perelberg (2018) betonte – ein »Ordnungsprinzip« darstellt, bedeutet aber nicht, dass es keinen Raum für Vielfalt oder durchaus andere Ordnungsprinzipien gibt (vgl. Chodorow, 2004).

Die Erfahrungen in Bezug auf unser Geschlecht spiegeln jedem von uns eine einzigartige bewusste und unbewusste Konstellation in unserer Fantasie, die damit verbundenen Affekte und eine Form des Embodiment wider, die diese Einzigartigkeit zum Ausdruck bringt. Aber die Freiheit, uns auszudrücken, kann nur dann wirklich befreiend sein, wenn wir in der Realität verwurzelt bleiben: Das biologische Geschlecht ist eine Realität, und nichts kann diese Realität ändern, selbst, wenn unser Körper durch eine Operation eine Veränderung erfährt. Es ist gerade die Materialität des biologischen Geschlechts, die mit der versprochenen Befreiung durch den postmodernen Diskurs über solche Fragen kollidiert. Gender entspricht nicht der Anatomie, auch wenn es auf ihr aufbaut und durch sie oft im Guten wie im Schlechten deutlich wird. Das Aussehen des Körpers – und insoweit ist der biologische Körper relevant – ist der Schlüssel dazu, wie die eigene Geschlechtsidentität ausgedrückt, präsentiert und somit anderen vermittelt wird.

Die Geschlechtsidentität bezieht sich darauf, wie wir unser soziales Geschlecht (gender) erleben und ausdrücken (das heißt, sie ist ein psychosoziales Konstrukt), während sich das biologische Geschlecht (sex) auf eine biologische Unterscheidung bezieht, die die kulturelle Zuweisung von Geschlechterrollen untermauert. Das biologische Geschlecht (sex) ist binär, während das soziale Geschlecht (gender) nicht als binär konstruiert ist. Die Position, die von einigen Transgender-Befürwortern eingenommen wird, zielt darauf ab, die Bedeutung des biologischen Geschlechts zu leugnen. Die Ursache hierfür liegt darin, dass sie die Realität biologischer Geschlechtsunterschiede meiner Meinung nach fälschlicherweise so deuten, als würde sie die Position der Transgender-Person untergraben. Sowohl das angeborene Geschlecht als auch die Geschlechtsidentität haben jedoch substanzielle Folgen für eine Person. Um gegen jede Art von Diskriminierung vorzugehen, müssen wir die jeweiligen Beiträge von biologischem Geschlecht und sozialem Geschlecht zu einer Reihe von Ergebnissen unterscheiden. So hat das Vereinigte Königreich kürzlich für die Volkszählung 2021 beschlossen, dass die Menschen aufgefordert werden, ihr »in der Geburtsurkunde eingetragenes Geschlecht« anzugeben. Dies hat in der Transgender-Community zu einer Kontroverse geführt. Würde jedoch nicht zwischen dem bei der Geburt angeborenen biologischen Geschlecht und der Geschlechtsidentität unterschieden, könnte dies wichtige geschlechtsspezifische Unterschiede verschleiern, denn das biologische Geschlecht *ist* ein Prädiktor einer Reihe von Auswirkungen (zum Beispiel auf die Bildung, die körperliche und die psychische Gesundheit). Natürlich ist auch die Geschlechtsidentität der Menschen wichtig und die Volkszählung wird auch diese Daten erfassen. Das angeborene Geschlecht bleibt jedoch eine wichtige separate Kategorie: Das Leben eines gebürtigen Mädchens, das sich als Transgender-Person identifiziert, wird wahrscheinlich *sowohl* von ihrem angeborenen biologischen Geschlecht *als auch* von dem sozialen Geschlecht, mit dem sie sich identifiziert, geprägt.

Inzwischen dürfte klar sein: Bei der Beschäftigung mit Transgeschlechtlichkeit tauchen viele Fragen zu dem biologischen Geschlecht, dem sozialen Geschlecht und dem Körper auf. Genau diese Fragen, die wir bereit sind zu berücksichtigen, sowie diejenigen, die wir ignorieren oder die zu formulieren uns misslingt, prägen unsere Theorien über Transgeschlechtlichkeit. Theorien wirken auf die Welt ein. Sie geben unserer Wahrnehmung eine Richtung. Die

Art und Weise, wie unsere Theorien über Transgeschlechtlichkeit aussehen, wirkt sich konkret auf die Erfahrung von Transgender-Personen aus. Unsere Theorien werden bestimmten Pathologien einen Rahmen geben, sie reifizieren und uns auf bestimmte Dynamiken in der Übertragung aufmerksam machen, während sie andere Merkmale ausblenden. In diesem Kapitel skizziere ich kurz einige der führenden klassischen und zeitgenössischen psychoanalytischen Ansichten über Transgeschlechtlichkeit, bevor ich in Kapitel 4 einige meiner eigenen Ideen in diesem Bereich vorstelle. Die von mir vorgenommene Unterteilung in klassische und zeitgenössische Ansichten stellt einen etwas plumpen Versuch dar, die Literatur zu ordnen. Sowohl unter den klassischen als auch unter den zeitgenössischen Ansätzen findet sich jeweils ein breites Spektrum an psychoanalytischen Traditionen; deshalb spiegelt die Unterteilung nicht die Unterschiede auf der metapsychologischen Ebene wider. Der wichtigste konzeptionelle Unterschied zwischen diesen beiden Kategorien besteht darin, dass, im Gegensatz zu den klassischen Ansichten, die Transgeschlechtlichkeit als psychopathologisches Symptom zu betrachten, die zeitgenössischen Ansätze offen sind, Transgeschlechtlichkeit als kreatives Symptom zu identifizieren.

Die Entwicklung der psychoanalytischen Theorien über Transgeschlechtlichkeit

Klassische Ansichten

Befassen wir uns näher mit den klassischen psychoanalytischen Ansätzen über Transgeschlechtlichkeit, müssen wir im Hinterkopf behalten, dass die Kategorie »Transgender« bzw. »Transgeschlechtlichkeit« noch nicht existierte oder gerade erst aufkam, als diese Ansichten formuliert und veröffentlicht wurden. Die frühen Theorien beziehen sich ausschließlich auf »Transsexuelle«, ein Begriff, mit dem Personen bezeichnet werden, die die Geschlechtsbinarität beibehalten und sich mit dem anderen Geschlecht (das im Gegensatz steht zu ihrem angeborenen Geschlecht) identifizieren. Die große Mehrheit der von den klassischen Theoretikern behandelten Patienten strebte eine medizinische Transition an. Diese Theoretiker befassten sich also nicht mit der Frage der Geschlechterfluidität, sondern behandelten Personen, die die Geschlechtsbinarität anerkannten und in deren bewussten Narrativen bezeichnenderweise das Thema war, »im falschen Körper geboren zu sein«.

Es ist jedoch sehr wahrscheinlich, dass die Kategorie »transsexuell« schon damals weitaus vielschichtiger war, als von diesen Theoretikern ausdrücklich anerkannt wurde. Obwohl einige Transgender-Personen und -Theoretiker immer noch zwischen Transsexualität und Transgeschlechtlichkeit unterscheiden, verzichten zeitgenössische Theoretiker weitgehend auf solche Differenzierungen.

Üblicherweise haben klassische Theoretiker eine Konzeption von Transsexualität entwickelt, die auf einer normativ-essenzialistischen Position basiert und Transsexualität übereinstimmend und ausschließlich als Zeichen von Psychopathologie versteht. In der entsprechenden Fachliteratur lassen sich drei vorherrschende Formulierungen ausmachen. Mehrere Analytiker betrachten Transsexualität als *narzisstische Störung* (Argentieri, 2009; Chiland, 2000, 2003; Oppenheimer, 1991; Quinodoz,1998, 2002). Diese Ansätze betonen die Probleme Transsexueller auf der Ebene ihres Selbstbildes und verstehen die transgeschlechtliche Fantasie, die als Verleugnung der Realität betrachtet wird, als eine Quelle des Selbstwertgefühls oder als eine Möglichkeit, das Selbst zusammenzuhalten.

Andere Autoren haben sich eher auf Transgeschlechtlichkeit als eine Form der *Perversion* konzentriert, bei der die Weigerung, sich mit nur einem Geschlecht zu identifizieren, folgendermaßen gedeutet wird: als Verleugnung des Geschlechtsunterschieds und als

Unfähigkeit, den Wunsch zu betrauern, sowohl Vater als auch Mutter zu sein (zum Beispiel Limentani, 1979; Socarides, 1970). Eine von mehreren Schwierigkeiten bei diesen Ansätzen besteht darin, dass ihnen unterschiedliche Definitionen des Begriffs »Perversion« zugrunde liegen. Perversion wird verwendet, um Transgeschlechtlichkeit als eine besondere Form der sexuellen Perversion zu bezeichnen, als eine pathologische Struktur, deren primäres Ziel darin besteht, die Wahrnehmung der Kastration zu verleugnen, und als eine Form der psychischen Abwehr (Mehler, 2009).

Und schließlich, wie die Arbeit des französischen lacanianischen Analytikers Millot (1990) zeigt, galt Transgeschlechtlichkeit als Beweis für eine *psychotische* Struktur. In diesem Ansatz stellt die Funktion des »transgeschlechtlichen Symptoms« den Versuch dar, eine Psychose zu vermeiden. Im Wesentlichen sind sich diejenigen, die Transgeschlechtlichkeit als Perversion betrachten, und diejenigen, die sie als Psychose identifizieren, konzeptionell nahe, da »Transgeschlechtlichkeit als Perversion« normalerweise als Abwehr gegen eine psychotische Desintegration verstanden wird.

Obwohl die genannten Autoren verschiedene psychische Strukturen in den Vordergrund rücken (die sich zwangsläufig in unterschiedlichem Maße überschneiden), stimmen sie alle darin überein, dass eine Transition und eine geschlechtsangleichende Operation Formen des Ausagierens eines inneren Konflikts sind, der auf der psychischen Ebene bearbeitet werden sollte, damit er gedacht werden kann (Quinodoz, 1998).

Chiland (2000) hat mit noch größerem Nachdruck darauf hingewiesen, dass die Möglichkeit einer Psychotherapie ausgeschlossen sei, sobald eine körperliche Transition eingeleitet werde – eine Position, die nicht von allen klassischen Theoretikern unterstützt wird.

Neuere zeitgenössische britische Beiträge wie Bell (2019), Evans (2020) und Evans und Evans (2021), die im kleinianischen Denken verankert sind, legen mehr oder weniger implizit den Schwerpunkt auf Transgeschlechtlichkeit als eine psychopathologische Manifestation und weisen darauf hin, dass eine Transgender-Identifikation Symptom eines tieferliegenden Problems sei und auf ein frühes Trauma zurückgeführt werden könne. Sie unterscheiden sich von den früheren Theoretikern durch ihre konsequente und wichtige Fokussierung auf die ethische Fragestellung: Soll Kindern und Jugendlichen eine Transition erlaubt werden, ohne die nach Meinung der Autoren zugrunde liegenden psychischen Probleme angemessen zu untersuchen, die zu einer Transgender-Identifikation führen können? Ihr Beitrag ist bemerkenswert, weil er mit dem aktiven Einsatz zum Schutz von Kindern im Zusammenhang steht, der im Vereinigten Königreich sehr einflussreich war. Eine Veröffentlichung ihrer Ansichten dazu, wie sie sich möglicherweise zur Entscheidung einer erwachsenen Transgender-Person für eine medizinische Transition positionieren, liegt zum Zeitpunkt der Abfassung dieses Buches allerdings noch nicht vor.

In Nordamerika deckt sich die Arbeit von Marchiano (2017), die im jungianischen Denken verankert ist, mit der Arbeit von Bell und Evans und lenkt die Aufmerksamkeit auf die zugrunde liegende Psychopathologie, die zu einer Transgender-Identifikation bei jungen Menschen führt. Marchiano äußert – wie auch Bell und Evans – Besorgnis darüber, wie äußerst schnell medizinische Interventionen bei jungen Menschen durchgeführt werden, ohne dass Raum für eine Reflexion über die psychische Bedeutung des Transgender-Seins bleibt.

Ein letzter wichtiger Denkansatz stammt ebenfalls von den Beiträgen gegenwärtiger psychoanalytischer Denker aus dem Vereinigten Königreich, die das aufgreifen, was sich am besten als Metareflexionen über Gender bezeichnen lässt, wie beispielsweise die Arbeiten von Mitchell (2018), Perelberg (2018) und Kohon (2018). Ich füge diese Denker ein zwischen diesem Abschnitt und dem nächsten Abschnitt über die sogenannten zeitgenössischen Ansichten, da ihre Metaposition beide Sichtweisen überbrückt und einen umfassenden

Rahmen für das Nachdenken über die Spannungen in den aktuellen Debatten bietet. Ihr Schwerpunkt liegt nicht speziell auf dem Thema Transgeschlechtlichkeit, sondern auf dem, was die Psychoanalyse zu unserem Verständnis von Sexualität und Geschlecht im Allgemeinen beizutragen hat.

Das Interesse dieser Denker an der zentralen Bedeutung von Freuds ursprünglicher Vorstellung einer inhärenten *Bisexualität* bildet somit den Rahmen für die Betrachtung der Ansichten des folgenden Abschnitts.

Mitchell (2018) ist mit ihrer Aussage, Bisexualität sei angeboren, eindeutig: »Wir sind alle Mädchen *und* Junge, Junge *und* Mädchen. Unbewusste Prozesse sind nicht an sich geschlechtsspezifisch.« (2018, S. xix; kursiv im Original) In ähnlicher Weise verortet Perelberg (2018) Männlichkeit und Weiblichkeit passend als »psychische Positionen«:

> »Angesichts der Fluidität von Identifikationen […] ist es klar, dass aus einer absoluten Gewissheit über die eigenen Identifikationen eine Verwirrung der Sprachebenen spricht – etwas wird als real angesprochen, das im symbolischen Bereich seinen Platz hat.« (2018, S. 41)

Kohon (2018) problematisiert das gesamte Thema Sexualität und Geschlecht und verlagert den Fokus hilfreicherweise von der Diskussion über die Psychopathologie hin zu einer Untersuchung der Schwierigkeiten, die wir *alle* teilen:

> »Der Gedanke, dass wir die komplexe Frage der Sexualität auf eine vereinfachte Kategorie reduzieren können, nämlich die vermeintlich ›freie Wahl unseres Geschlechts‹, kann unsere geplagten Seelen nur für eine Weile beruhigen.« (Kohon, 2018, S. 269)

Insgesamt unterstreichen diese Autoren eine wichtige Wahrheit, nämlich dass die Realität des binären biologischen Geschlechts die Möglichkeiten eines »dritten Geschlechts« nicht zulässt. Dies soll nicht heißen, dass es keinen Raum für Vielfalt und für eine eigenständige Ausgestaltung von Gender gibt.

Zeitgenössische psychoanalytische Ansichten

Zeitgenössische Stimmen stellen infrage, was als ein in sich geschlossener Kreis klassischer Ansichten, die sich gegenseitig verstärken, betrachtet wird – eine Art psychoanalytische »Echokammer«, die jede Transgender-Person als »schwer krank« definiert. In diesen Beiträgen werden Ideen über Transgeschlechtlichkeit entwickelt, die beispielsweise durch die Integration von biologischen und sozialen Sichtweisen in das psychoanalytische Denken gekennzeichnet sind (zum Beispiel Di Ceglie & Freedman, 1998). Die Arbeit von Hakeem (2018) ist ein Beispiel für die Ausarbeitung eines psychoanalytischen Rahmens auf der Grundlage gruppenanalytischer Ideen (auf der Ebene der Intervention) und der Gedanken der Sozialtheoretikerin Judith Butler (1993 [1990]), deren Betonung der Performativität von Geschlecht sehr einflussreich war.

Sie schlug vor, dass die Vorstellung, die sexuelle Identität sei etwas Natürliches, ein kulturelles Konstrukt darstellt und dass Identitätskategorien in einer Kultur durch mehrfache Wiederholung eine soziale und symbolische Form annehmen. Folglich ist sexuelle Identität performativ. Hakeems Vorgehensweise mit dem Schwerpunkt, Patienten bei der Dekonstruktion ihrer »rigiden Geschlechterrahmen« (Hakeem, 2018, S. 6) zu unterstützen, greift Butlers Gedanken auf und spiegelt eine Vorstellung von Geschlecht als soziales Konstrukt und nicht als immanente Eigenschaft eines Individuums wider. Ziel ist es, den Patienten zu helfen, ein breiteres »Spektrum dessen zu erkunden, was für das Individuum in einer bestimmten Geschlechterrolle möglich ist« (ebd., S. 67f.).

Eine sehr ergiebige Quelle für Überlegungen zu diesem Thema stammt von nordamerikanischen Analytikern. Ihre Darstellungen beziehen in ihren analytischen Formulierungen die systemischen kulturellen Kräfte mit ein, die die Erfahrung und den Ausdruck von Sexualität und Geschlecht bestimmen (zum Beispiel Benjamin, 2013 [1998]; Dimen, 1991; Goldner, 1991, 2011; Harris, 1991, 2011; Suchet, 2011; Salamon, 2010). In diesen Darstellungen wird Identität als »im Aufbau« betrachtet, wodurch vereinfachende Gleichsetzungen von biologischem und sozialem Geschlecht sowie sexuellem Begehren infrage gestellt werden (Butler, 1995 [1993], 2009 [2003]; Foucault, 1977 [1976]). Die Queer-Theorie hat diese Ansätze beeinflusst und den psychoanalytischen Diskurs über Transgeschlechtlichkeit erweitert. Sie wendet sich – wie die Arbeit von Butler – im Wesentlichen gegen die inhärente essenzialistische Normativität psychoanalytischer Konzepte, mit der Argumentation, es gebe keine »normale« Teleologie der sexuellen oder geschlechtlichen Entwicklung (Frosh, 2017). Die Vertreter der Queer-Theorie behaupten, dass Menschen an ihren sozial konstruierten Identitätskategorien festhalten, die fließend und historisch kontingent sind, anstatt die destabilisierenden und potenziell unerträglichen Auswirkungen ihrer eigenen Wünsche und Vergnügungen zu akzeptieren. Für sie kann Perversion selbst als »eine trotzige Performanz des Exzesses« verstanden werden (Downing, 2017, S. 123), die die Willkür dessen entlarvt, was wir als angeblich normal bezeichnen.

Stryker unterscheidet noch spezifischer zwischen Queer-Theorie und Transgender-Studien und argumentiert, dass die Erfahrung von Transgender-Personen die heterosexuelle Norm infrage stellt, die immer noch die psychoanalytische Theorie und – ich möchte gerne hinzufügen – wahrscheinlich auch die Praxis dominiert:

> »Trans*-Studien […] gehen davon aus, dass ›Transgender-Gefühle‹ real sind, dass Agnostizismus eine adäquate Haltung in Bezug auf ihre Ursprünge ist […] und dass die Psychopathologie einen äußerst reduzierten und begrenzen Rahmen bietet, um die Fragen anzugehen, wie diese Gefühle entstehen, wie sie gelebt werden sollen oder wie auf individueller und gesellschaftlicher Ebene mit ihnen umgegangen werden soll.« (2017, S. 422)

Zeitgenössische Autoren wie Suchet (2011), Saketopoulou (2014) und Silverman (2015) plädieren für ein komplexeres Verständnis, bei dem das Psychische nicht unbedingt Vorrang vor dem Körperlichen hat. Im krassen Gegensatz zu den Ansichten klassischer Theoretiker wie beispielsweise Chiland vertreten diese Autoren die Ansicht, dass die Veränderung des Körpers ein wesentlicher Teil der psychischen Arbeit sein kann, die die Transgender-Person bewältigen muss, anstatt sie als unvermeidliche Form des Agierens zu betrachten. Gherovici schlägt vor, dass das Thema Transgeschlechtlichkeit die Psychoanalyse selbst herausfordert, zu einer neuen Art des Denkens über die Beziehung zwischen Körper und Psyche und über »die Unsicherheit hinsichtlich des Geschlechts; die Instabilität bezüglich des Gegensatzes männlich/weiblich« überzugehen (2017a, S. 535). Neben Gherovici lehnen auch Gozlan (2011, 2015, 2018a) und Cavanagh (2016), die beide ebenfalls von einem primär Lacan'schen Bezugsrahmen geprägt sind, die Vorstellung ab, dass Transgeschlechtlichkeit auf eine zugrunde liegende psychotische Struktur hinweist. Alle diese Autoren vertreten die Auffassung, dass Transgeschlechtlichkeit ein kreativer Akt ist, das heißt, ein *Sinthom* (Lacan) und keine Pathologie.

Für Lacan bestand das Ziel des Heilungsprozesses nicht darin, die Symptome des Patienten zu beseitigen, sondern ihn sich mit seinem einzigartigen Sinthom identifizieren zu lassen, um es zu genießen. Das Symptom als Sinthom ist nicht mehr das Endergebnis eines

Prozesses, der eine verborgene Bedeutung im Sinne Freuds auf den Punkt bringt, sondern es signalisiert vielmehr eine kreative Lösung, die das verkörperte Subjekt zusammenhält: »Das Sinthom ermöglicht den Zugang zu einer neuen Form des Seins. Dann wird der Körper von einer tödlichen Umhüllung zu verkörpertem Fleisch, und das Leben wird lebbar.« (Gherovici, 2017b, S. 552) Saketopoulou (2014, 2020) stützt sich auf ein breiteres Spektrum psychoanalytischer Theorien als einige der zuvor erwähnten Lacan'schen Autoren, warnt aber ähnlich wie sie davor, zu übersehen,

> »dass diese sich wiederholenden verkörperten sexuellen Skripte nicht als das Ausleben einer selbstzerstörerischen Fantasie ausgeführt werden, sondern als Versuche, neue Repräsentationen zu bilden, um eine Reihe zuvor nicht repräsentierter sexueller und geschlechtlicher Permutationen auf neuartige Weise zu übersetzen« (2017, S. 1042).

Diese Perspektiven bringen wichtige Stimmen in die Debatte ein. Die Begrenztheit dieser Positionen – und dieses Problem trifft auch auf die Queer-Theorie zu – besteht jedoch darin, dass sie zu einer Idealisierung von Transgeschlechtlichkeit oder Queer-Sein als einer unendlichen Möglichkeit der Erfindung oder Neuerfindung führen können. Obwohl dies einen Aspekt der Erfahrungen erfasst, die einige Transgender-Patienten machen, für die eine Transition die bessere Art zu leben ist, besteht die Gefahr, den Schmerz und die Enttäuschung zu beschönigen, die für Andere nur allzu oft Teil eines Transitionsprozesses sind.

Rose formulierte in ihrer Kritik an der Queer-Theorie sehr treffend: »Spaltung, Verleugnung, Ausschluss, Verweigerung oder sogar Verdrängung – es scheint so, als würden eins nach dem anderen die Anzeichen fallen gelassen, die zeigen, wie wir mit unserer inneren Welt kämpfen.« (2017, S. 393) Selbst sogenannte kreative Vorgehensweisen sind mit erheblichen Nachteilen verbunden und haben vielschichtige Bedeutungen, die unserem Bewusstsein nicht unmittelbar zugänglich sind. Es ist wichtig, dass wir die Funktion einer transgeschlechtlichen Fantasie im Kontext der psychischen Belastungsfähigkeit eines jeden Individuums verstehen. Diese Funktion variiert sehr stark, weshalb es wichtig ist, sich nicht auf eine einzige Theorie über Transgeschlechtlichkeit festzulegen.

Wegweiser

Wahrscheinlich gibt es sehr unterschiedliche Wege, die zur Transgeschlechtlichkeit führen, weshalb es für uns am besten ist, wenn wir das Thema aus verschiedenen Perspektiven betrachten. Einige Theorien können mehr oder weniger nützlich sein, um die besonderen Merkmale einer Transgender-Identifikation bei jedem unserer Patienten zu verstehen. Die Annäherung an Transgeschlechtlichkeit erfordert einen weiten Blickwinkel, um die zwischenmenschlichen, intrapsychischen und umfassenderen systemischen Prozesse formulieren zu können, die zu einer höchst spezifischen Erfahrung des geschlechtsspezifischen Embodiment eines Kindes führen.

Aus der Sicht zeitgenössischer Theoretiker auf die Kluft zwischen den beiden Positionen ist es leicht, die klassischen psychoanalytischen Positionen als Aufrechterhaltung normativer Geschlechterideale und als Schwächung der Bedeutung der Transgender-Person zu betrachten. Diese klassischen Theoretiker vertreten die Ansicht, die menschliche Subjektivität sei nicht unendlich vielfältig, wie einige zeitgenössische Theoretiker vorschlagen, sondern eher »geteilt«, wodurch – allerdings aus einem anderen Blickwinkel – auch sämtliche sexuellen und geschlechtlichen Identifikationen problematisiert werden (Kohon, 2000, 2018). Es wäre meines Erachtens nicht hilfreich, die Aussagen dieser Gruppe psychoanalytischer Theoretiker vollständig abzulehnen, da *einige* der klinischen Beobachtungen für *einige* Transgender-Personen relevant sind. In diesem Buch werde ich immer wieder betonen: Der Einsatz für die Gleichstellung von Transgender-Personen und die Infragestellung der Fesseln des binären Geschlechts machen es notwendig, Transgeschlechtlichkeit nicht einheitlich *nur* als etwas zu betrachten, das es in jedem Fall zu feiern gilt. Diese einheitliche Sichtweise ignoriert den Schmerz und das Leiden, das manchmal durch eine Transgender-Identifikation beendet werden soll. Genauso wie wir von den zeitgenössischen psychoanalytischen Ansichten profitieren, müssen wir den früheren Schriften, die vor Verallgemeinerungen und Stigmatisierungen warnen, das Beste entnehmen.

Wie inzwischen klar geworden ist, lautet das konzeptionelle Leitmotiv dieses Buches: Es ist gefährlich, Transgeschlechtlichkeit von einem einheitlichen Standpunkt aus zu betrachten. Es liegt in der Natur der Sache, bei Auseinandersetzungen zu polarisieren, aber in der Praxis müssen wir nuancierter vorgehen. Im Jahr 2021 kann eine theoretische Konzeptualisierung von Transgeschlechtlichkeit nicht in jedem Fall entweder auf eine Pathologie oder auf einen kreativen Akt reduziert werden. Damit beginge man einen konzeptionellen Fehler, der schwerwiegende grundlegende Folgen hat, sowohl für die Transgender-Personen, die die Transition gut bewältigen und die dadurch eine neue Form des Embodiment finden, als auch für die Transgender-Personen, bei denen das Etikett Transgender dazu dient, Leiden und Verwirrung zu verbergen, die durch die Transition nicht behoben wurden.

Obwohl ich eine psychoanalytische Betrachtungsweise von Transgeschlechtlichkeit sehr befürworte, wird die konzeptionelle Kraft der psychoanalytischen Theorie untergraben, wenn sie darauf beharrt, der Anatomie die Rolle zuzuschreiben, festzulegen, was normal ist, wie es die klassische Psychoanalyse traditionell getan hat. Die »vorgegebene« Anatomie ist ein Ausgangspunkt für die Artikulation von Identität und ein Berührungspunkt mit der Realität.

Auf unser eigenes Risiko hin wird ihre psychische Bedeutung geleugnet, aber wir dürfen die psychische Bedeutsamkeit, dass ein Individuum Unterschiedlichkeit und Andersartigkeit wahrnimmt, nicht mit der »vorgegebenen« Anatomie verwechseln. Grundsätzlich ist eine Modifikation des Körpers an sich kein Zeichen dafür, dass das Individuum nicht in der Lage ist, Unterschiede zu erkennen, auch wenn sie auf eine Schwierigkeit in diesem Bereich hinweisen kann. Dies gilt für einige Menschen, die sich als Transgender-Personen identifizieren, und auch für einige Cisgender-Personen.

Fluidität, was unsere Identifizierungen betrifft, weist nicht auf eine Schwierigkeit hin, sondern ist ein wesentliches Merkmal unseres Menschseins. Perelberg erinnert uns daran:

> »Diese Fluidität steht im Gegensatz zu dem Streben des Individuums nach einer *kohärenten* Identität, einem Gefühl der Kohärenz, das ihm durch die ursprüngliche Wesensart des psychischen Apparats selbst verweigert wird.« (2018, S. 37; kursiv im Original)

Der Versuch, Transgeschlechtlichkeit zu verstehen, setzt voraus, dass wir die Bereitschaft zeigen, auf das Streben nach Gewissheit zu verzichten. Auf diese Weise können wir erkennen, dass das Festhalten an der Gewissheit bezüglich des Geschlechts – ein Bestreben, das nicht nur einige Cisgender-Personen, sondern auch einige Transgender-Personen hegen – eine Verteidigung gegen die inhärente Fluidität von Identifikationen ist, wie Freud sie verstand, und gegen jene Fälle, in denen die Umarmung der sogenannten Fluidität eine grundlegendere Angst vor der Akzeptanz jeglicher Art von Endlichkeit offenbart.

Kapitel 3

Im Körper ankommen

Im Mittelpunkt vieler psychoanalytischer Darstellungen von Transgeschlechtlichkeit stehen notwendigerweise spekulative auf die Entwicklung bezogene Formulierungen, die für einige, aber nicht alle Transgender-Personen relevant sein werden. Mein eigenes Verständnis von Transgeschlechtlichkeit, zu dem ich durch meine eigene klinische Arbeit gelangt bin und dem wir uns jetzt zuwenden, bildet keine Ausnahme. Es ist wichtig hervorzuheben: Diese spekulativen Formulierungen implizieren logischerweise kein bestimmtes »bestes« Ergebnis, das heißt, wir müssen unterscheiden zwischen dem Verstehen unbewusster Dynamiken und einer normativen Bewertung der Entscheidungen, die eine einzelne Person dann im Hinblick auf eine medizinische Transition treffen kann.

Ich nähere mich dem Thema Transgeschlechtlichkeit weder durch das primäre Prisma der Pathologie noch des schöpferischen Potenzials des Sinthoms, wie es im letzten Kapitel beschrieben wurde. Diese beiden Perspektiven inspirieren mein Denken, aber sie legen es nicht fest. Vielmehr versuche ich Transgeschlechtlichkeit zu verstehen, indem ich in erster Linie die höchst individuelle Erfahrung des Embodiment untersuche, die im Fokus des ersten Teils dieses Kapitels steht. Die Konsequenz dieser spezifischen Erfahrung ist, dass das Individuum möglicherweise versucht, seinen Körper zu modifizieren. Der Ausgangspunkt für das Verstehen des Individuums ist keine übergreifende Theorie über Transgeschlechtlichkeit, sondern die Konzentration auf das Embodiment. Denn wie ich bereits angedeutet habe, besitzt keine der Theorien Allgemeingültigkeit. Dies hängt damit zusammen, dass man keine einheitliche Position zu einer Erfahrung einnehmen kann, die alles andere als homogen ist. In diesem Kapitel werde ich zunächst einige allgemeine Gedanken über den Körper untersuchen und mich dann besonders auf deren Bedeutung für Transgeschlechtlichkeit konzentrieren.

Die verkörperte Psyche

Bei meiner Arbeit mit Transgender-Personen gehe ich davon aus, dass das Embodiment die Psyche formt. Psyche und Körper lassen sich nicht voneinander trennen. Ohne eine Art von Embodiment ist die Psyche nicht denkbar, eine Vorstellung, die heute von vielen vertreten wird (z.B. Lakoff, 1987; Rosch, 1992; Edelman, 1995 [1992]; Damasio, 1994 [2006]). Die Notlage von Transgender-Personen zeigt vielleicht in extremster Form die entwicklungsbedingten Herausforderungen, die wir alle bewältigen müssen und für die wir Kompromisslösungen finden; sie wirft die Frage auf, wie man den Körper, den man hat, in den Körper, der man ist, transformiert – oder um einen Winnicott'schen Begriff zu verwenden, wie man ihn personalisiert. Für Transgender-Personen wird diese zentrale Herausforderung durch die Erfahrung des Embodiment, das aus biologischen und/oder psychologischen Gründen als unerträglich verwirrend und schmerzhaft empfunden wird, zusätzlich erschwert.

Das Gefühl, wer wir sind – unserer Identität – entwickelt sich aus der sensomotorischen Erfahrung, die untrennbar mit dem interpersonalen Bereich, in den wir eingebettet sind, verbunden ist. Für Freuds Verständnis der Entwicklung des Ichs war die Tatsache, dass der Körper der Ausgangspunkt des psychischen Funktionierens ist, von zentraler Bedeutung. Winnicott unterstrich dies später, als er feststellte: »Die Grundlage eines Selbst bildet sich auf der Tatsache des Körpers« (1970, S. 270) – eine Ansicht, die sich mit zeitgenössischen neurowissenschaftlichen Sichtweisen (z.B. Damasio, 2000 [1999]) deckt. Der Körper formt die Erfahrung, und wie Salamon es treffend formulierte: »Die Erfahrung formt unseren Körper und unser Selbst auf höchst grundlegende Art und Weise.« (2010, S. 222) Da wir verkörperte Wesen sind, sind wir möglicherweise in unserem Körper gefangen, es sei denn, das auf einer körperlichen Ebene Erlebte kann psychisch repräsentiert werden.

Der Körper stellt eine grundlegende Tatsache des Lebens dar, die alle anderen psychischen Funktionen unterstützt. Im besten Fall bietet er einen festen Bezugspunkt in der Realität, nicht zuletzt in der Realität des Elternpaares, das uns zur Welt bringt und uns durch unseren sichtbar »vorgegebenen« Körper an die Unterschiede und Unzulänglichkeiten erinnert, die eher ertragen werden müssen, anstatt sie in omnipotenter Weise zu verleugnen. In-einem-Körper-Sein bedeutet, die Zeit des Elternpaares anzuerkennen – eine Zeit »vor« dem Körper und damit bevor dem Selbst das Leben geschenkt wurde. Der Körper spielt eine wesentliche Rolle bei der Herstellung der zeitlichen Verbindung, die uns ein Gefühl der Kontinuität angesichts der Erfahrung dessen, wer wir im Verlauf der Zeit sind, vermittelt; er verbindet uns außerdem mit den Objekten, von denen wir abhängig waren und weiterhin abhängig sein können (Kapitel 4).

Der Begriff der verkörperten Psyche hat seinen festen Ursprung im Freud'schen Terrain, denn, wie Freud es bekanntlich formulierte, ist das Ich »vor allem ein körperliches, es ist nicht nur ein Oberflächenwesen, sondern selbst die Projektion einer Oberfläche« (1923, S. 253), das heißt, die ursprünglichste Form der Selbstrepräsentation ist eine körperliche Repräsentation. In einer Fußnote aus dem Jahr 1927 ergänzte Freud:

> »Das Ich rührt letztlich von körperlichen Empfindungen her, vornehmlich von jenen, die der Oberfläche des Körpers entspringen. Es kann deshalb als mentale Projektion der Oberfläche des Körpers betrachtet

> werden, außerdem repräsentiert es […] die äußere Form des psychischen Apparates.«[6]

Folglich war das Ich für Freud eine psychische Landkarte, eine Projektion der Oberfläche des Körpers. Genauer gesagt, er hielt das Ich für eine mentale Repräsentation der wahrgenommenen libidinösen Beziehung des Individuums zu seinem Körper.

Daraus folgt – dies wurde seit Freud ausführlich dargelegt –, dass das Ich seine Funktionsweise von Körpermodellen ableitet (Lichtenberg, 1978). Am deutlichsten wird dies vielleicht in Kleins Schriften, in denen die Psyche als eine Art »Verdauungstrakt« beschrieben wird (Caper, 1999), der psychische Zustände aufnimmt (introjiziert) und ausstößt (projiziert). In ähnlicher Weise hob Fenichel (1974 [1945]) hervor, dass das, was geschluckt werden kann, die erste Realität des Säuglings darstellt: Der Vorgang der Aufnahme in den Mund und des Ausspuckens bildet seiner Meinung nach die Grundlage sämtlicher Erfahrungen.

Legen wir den Fokus darauf, dass wir uns von Natur aus nicht als isolierte Wasen entwickeln, sind wir daran erinnert, dass unsere ersten Wahrnehmungen und Fantasien sensorischer Natur sind (Isaacs, 1983; Bronstein, 2013). Unsere ersten Gefühle stehen in Verbindung mit Erfahrungen wie heiß/kalt, weich/hart, nass/trocken. In Anlehnung an Tustins (2000 [1981]) Begriff einer »autosensuellen Entwicklungsphase« schlägt Ogden (2006 [1989]) eine autistisch-berührende Position vor, die in vergleichbarer Weise auf der Anerkennung einer präsymbolischen sensorischen Erfahrungsebene beruht. Diese »Position«, die eine psychische Organisation darstellt,

---

6 Diese im Original englische Fußnote findet sich erstmals in der 1927 in London erschienenen Übersetzung (»The Ego and the Id«), wo sie als von Freud autorisierte Fußnote gekennzeichnet ist. In allen bisherigen deutschen Ausgaben steht diese Anmerkung nicht; eine deutsche Version ist deshalb nicht erhalten (Anm. d. Übers.)..

soll sowohl der paranoid-schizoiden als auch der depressiven Position von Klein vorausgehen und dialektisch mit ihnen koexistieren.

Ogdens Beschreibung der autistisch-berührenden Position legt den Fokus auf den Ursprung dessen, was er als von »der Wahrnehmung dominierte Erfahrung« bezeichnet, aus der Bedeutung entsteht. Er geht davon aus, dass die elementarste Erfahrung des Selbst aus den Beziehungen erwächst, die durch sensorische Kontiguität, wie zum Beispiel Streicheln, und durch die Kontinuität der Körpererfahrung gekennzeichnet sind; sie schützen das Baby vor der Erfahrung der physischen und damit psychischen Desintegration. Kontiguität und Kontinuität tragen zur Entwicklung einer »abgegrenzten sensorischen Oberfläche« bei, die die Erfahrung des Babys prägt.

Freud (1923) und später Schilder (1950) – in seiner bahnbrechenden Studie über das Körperbild – machen deutlich, dass die Propriozeption eine entscheidende Rolle bei der Entwicklung der körperbezogenen Wahrnehmung des Selbst spielt. Im Grunde genommen betonen beide, dass zu Beginn des Lebens bei der Ausgestaltung des Ichs die inneren Wahrnehmungen prägender als die äußeren sind. Mit anderen Worten: Ich-Struktur und Identität gründen sich während des gesamten Lebens in erheblichem Maße auf die Empfindungen und die Wahrnehmung des Körpers (Hägglund & Piha, 1980). Freud besiegelte damit die später von anderen weiterentwickelte Ansicht, dass das Körperselbst den Container und die Grundlage für die Wahrnehmung des Selbst darstellt (Mahler & Furer, 1998 [1968]; Winnicott, 1966; Haag, 1985; Krueger, 1989; Sandler, 1994).

Für Freud hatten die Triebe ihren Ursprung immer im Innersten des Körpers. Der Trieb erscheint uns Freud zufolge »als psychischer Repräsentant der aus dem Körperinnern stammenden, in die Seele gelangenden Reiz« (1915, S. 214). Er ergänzt, der Trieb gelte »als ein Maß der Arbeitsanforderung, die dem Seelischen infolge seines Zusammenhanges mit dem Körperlichen auferlegt ist«. Behalten wir Freuds Definition des Triebes im Hinterkopf, dann ist es der

Bezug zur »Arbeit«, der die ständigen Transformationen erklärt, die die Inhalte seiner ursprünglichen Ausdrucksform verändern. Green hebt hervor, wie Freuds ursprüngliche Formulierung einen »zweifachen Prozess« aufzeigt:

> »[...] der erste Prozess umfasst die Transformation der Reize, die im Körper entstehen und die Psyche erreichen, indem sie sich von somatischen Erregungen in psychische Repräsentanten verwandeln; der zweite Prozess bezieht sich auf die Arbeit, die der Psyche zukommt, um eine frustrierende Situation bei der Übermittlung seiner Repräsentationen an den Anderen zu verändern.« (Green, 1998, S. 655)

Auch wenn Freud die Bedeutung sowohl des Triebs als auch des Objekts hervorhob, so wurde die Bedeutung des Objekts von seinen Nachfolgern deutlicher und ausführlicher herausgearbeitet. Was allerdings den Trieb betrifft, bringt Freuds präzise Beschreibung hilfreicherweise die Vorstellungen von der Verankerung im Körperlichen und von der Erregung, die die Psyche erreicht, mit dem Ausmaß der Arbeitsanforderungen, die der Psyche durch ihre Verbindung mit dem Körper zukommen, zusammen.

Körperbild, Körperschema und Körpervorstellungen

Im Rückgriff auf die Psychoanalyse stellte Merleau-Ponty fest, dass der Körper »nach einem latenten Wissen über die Welt funktioniert – einem Wissen, das der kognitiven Erfahrung vorausgeht« (1962, S. 233). »Einen Körper zu haben«, so fügt er hinzu, »bedeutet, einen universellen Rahmen zu besitzen, ein Schema, in dem sich die unterschiedlichsten Wahrnehmungen entfalten können.« (1962, S. 326) Sein Modell der verkörperten Intentionalität enthält einen Raum für das *Körperschema*. Wir müssen zwischen *Körperschema* und

Körperbild unterscheiden. Ersteres bezieht sich auf das System der sensomotorischen Prozesse, die ständig die Körperhaltung und die Bewegung regulieren, und entspricht eher einer »Reihe von Gesetzen« als einem Bild (Gallagher, 2005).

Als Kliniker befassen wir uns in der Regel mit dem Körperbild, das heißt, mit der Vorstellung, die wir von unserem Körper im Kopf haben, mit den Affekten und Fantasien, die damit verbunden sind. Es handelt sich hierbei um die psychische/libidinöse Landkarte unseres Körpers, die nicht nur durch die Gesetze der Biologie strukturiert wird, sondern auch durch die Bedeutungen und Fantasien, die wir in unsere Körpererfahrung einbringen. Man könnte sogar eher sagen, dass wir es mit einer imaginären Anatomie zu tun haben.

Obwohl die von uns empfundene Körpererfahrung sich in unterschiedlichem Ausmaß ständig ändert, entwickeln wir aus den frühen Erfahrungen von Körperzuständen und dem körperlichen Austausch mit Anderen auch eine Repräsentation unseres Körpers, die mehr oder weniger von Dauer ist und sowohl wahrnehmende als auch bewertende Komponenten enthält.

Damasio (2000 [1999]) vergleicht die Repräsentation des Körperselbst mit einer Landkarte im Gehirn, die Kontinuität über verschiedene Zustände hinweg bietet.

Während das Körperschema konstitutionell begründet ist, führt uns das Körperbild die entscheidende Bedeutung des *intersubjektiven Kontextes* vor Augen, in dem sich der vorgegebene Körper entwickelt. Das Körperbild ist nicht angeboren, und hier leistet die Psychoanalyse einen unschätzbaren Beitrag zum Verständnis der Entwicklungsfaktoren und Fantasien, die bei der Ausgestaltung und emotionalen Einfärbung der Repräsentation des Körpers in unserer Psyche eine Rolle spielen. In meiner Arbeit gehe ich davon aus, dass die Wahrnehmung, die der Patient von seinem Körper hat, sowohl bestimmte Dispositionen widerspiegelt, die er ihm gegenüber hat (Überzeugungen und Fantasien), als auch bestimmte Dispositionen, die sein Körper gegenüber der Welt hat (zum Beispiel bestimmte Körperhaltungen oder Konturen). Beziehungen mit der Außenwelt verleihen dem Körperbild des Patienten eine affektive Resonanz. Dies ist für die Arbeit mit Transgender-Personen sehr wichtig, denn einige berichten, sie glaubten, in einem Körper zu leben, der sichtbar »männlicher« oder »weiblicher« sei, als es das ihnen bei der Geburt zugewiesene Geschlecht herkömmlicherweise erkennen ließe. Sie hatten das Gefühl, ihr Körper würde dadurch sofort in eine bestimmte Richtung gelenkt, die sich darauf auswirkte, wie sie ihrer Einschätzung nach von Anderen gesehen wurden und umgekehrt wie sie sich selbst sahen und fühlten.

Um die meines Erachtens wesentliche, in ihrer Dynamik unbewusste Dimension der Repräsentation unseres Körpers, die wir in der therapeutischen Arbeit mit Transgender-Patienten untersuchen müssen, zu jedem Zeitpunkt in den Vordergrund zu rücken, ziehe ich den Begriff *Körpervorstellung(en)* vor (Lemma, 2010). Dieser Begriff präzisiert die potenzielle Fluidität unseres Körperbildes und hebt gleichzeitig hervor, dass die Repräsentation des Körpers in der Psyche eine unbewusste psychische Organisation darstellt, die von bestimmten Fantasien des Selbst und des Anderen bestimmt wird und in der Übertragungsbeziehung bearbeitet werden kann.

Körpervorstellungen erwachsen aus den frühesten inneren Körpererfahrungen in Bezug auf Andere, zum Beispiel Schmerz und Lust, und prägen die individuelle Erfahrung des Körperselbst. Die Körpervorstellung ist also das Bild, das wir von unserem Körper in unserem Kopf haben und das sich aus den höchst persönlichen Bedeutungen ergibt, die unserem Körper durch diesen frühesten Austausch zuteilwurden. Sie basiert auf projektiven und introjektiven Mechanismen. Was besonders wichtig ist: Die Körperrepräsentation ist im Wesentlichen eine Funktion der libidinösen Objektbesetzungen.

Die Art und Weise, wie unser Körper in unserer Psyche repräsentiert wird, ist immer objektbezogen, auch wenn die ursprüngliche

Quelle der Repräsentation in den Möglichkeiten und Grenzen unseres Körpers liegt. Eine Repräsentation erfordert immer die Beteiligung eines Objekts, oder wie Green es ausdrückte:

> »Die Figuration des Objekts verbindet sich mit einer Art der Repräsentation, die sich aus den Anforderungen des Körpers ergibt. Das Unbewusste entsteht aus dieser Verbindung, und es sind die Gefahren dieser Begegnung, die ein Licht auf ihr Scheitern werfen.« (Green, 2000, S. 31)

Die Art und Weise, wie wir unseren Körper erleben, ist zum Teil von den Bedeutungen und Fantasien Anderer geprägt, somit erzählt unser Körper die Geschichte mehrerer Generationen. Genau wie ihr Baby hat beispielsweise eine Mutter die Erfahrung ihres Körpers-mit-einem-Anderen verinnerlicht (und in ihrem prozeduralen Gedächtnis gespeichert). Die Erfahrung der Mutter mit ihrem eigenen Körper hat Einfluss darauf, wie sie sich zur Körperlichkeit ihres Babys verhält. Die Unmittelbarkeit des körperlichen Kontakts mit ihrem Baby wird höchstwahrscheinlich die eigenen latenten, primitiven Empfindungen, Fantasien, Wünsche und Ängste der Mutter aktivieren, die ihre eigenen frühen Erfahrungen widerspiegeln. Mit anderen Worten: Was die Mutter sieht, wenn sie ihr Baby anschaut (dies gilt natürlich auch für den Vater), und die Qualität des körperlichen Kontakts mit ihrem Baby ist von der Qualität der Beziehungen geprägt, die sie in sich spürt, nicht zuletzt von der Qualität der Beziehung zwischen und mit ihren eigenen verinnerlichten Eltern. Die Körpererfahrung des Babys wird folglich durch die Beziehung der Mutter und Anderer zu seinem Körper vermittelt (Laufer, 1981). Und was die Mutter angesichts des Körpers ihres Babys empfindet, wird durch das vermittelt, was sie ihrem eigenen Körper gegenüber empfindet. Wenn die Mutter oder der Vater in dieser Hinsicht Schwierigkeiten hatten, kann der Körper des Babys zum Auffangbecken für deren eigene Projektionen werden. Ein ungelöstes Trauma kann sich tatsächlich in einer stellvertretenden Körpermodifikation manifestieren, die zu einem Eindringen in den Körper des Anderen führt (Lemma, 2018 [2015]). Diese Dynamik lässt sich in einigen Fällen beobachten, wie ich in Kapitel 5 anhand des Falles von Sam zeigen werde.

Folglich resultiert unsere Körperrepräsentation aus der Verinnerlichung der Körpervorstellungen des Anderen durch die unbewusste Übermittlung von Gesten, Körperhaltung, Eigenheiten und Rhythmen, die allesamt affektiv aufgeladene Repräsentationen des Selbst in der Interaktion mit dem Anderen enthalten. Winnicott hat die Bedeutung früher Beziehungen für die Ausgestaltung und Bedeutung des vorgegebenen Körpers sehr gut erfasst. Er spricht treffend von »Verkörperung«, um die Tatsache zu bezeichnen, dass wir alle einen Körper haben, in dem wir leben und den wir uns zu eigen machen müssen:

> »Genauso wichtig wie die Integration ist die Entwicklung des Gefühls, dass die eigene Person in ihrem Körper ist. Auch hier sind es triebhafte Erfahrungen und wiederholte dezente Erfahrungen der Körperpflege, die allmählich dazu beitragen, was man eine zufriedenstellende Persönlichkeitsentwicklung nennen kann.« (Winnicott, 1945, S. 139)

Die Konzentration auf den Körper wirft die wichtige Frage auf, wie präsymbolische Erfahrungen kodiert, aber auch, wie sie anschließend Anderen mitgeteilt werden. Aus klinischer Sicht lenkt dies unsere Aufmerksamkeit auf die mühsame Arbeit, die uns bevorsteht, wenn wir Patienten helfen wollen, die ihre Erfahrungen schlecht mentalisieren können und für die ihr Körper ein primäres Medium für die Kommunikation innerer psychischer Zustände ist. Ein wichtiger Beitrag zu diesem komplexen Gebiet ist die Arbeit von Fonagy und Target (2007) über die Verankerung der Psyche im Körper. Sie verknüpfen auf interessante Weise die Bindungstheorie, die Kognitionswissenschaft und die Psychoanalyse, um zu zeigen, dass die Psyche sich im Kontext einer Reihe zentraler Repräsentationen entwickelt, die aus frühen sensomotorischen, emotionalen und umweltbezogenen Erfahrungen mit dem primären Objekt entstehen. Sie schlagen vor, dass die Sprache, das symbolische Denken und die Abwehrmechanismen auf prototypischen, präverbalen und im Körper verankerten Erfahrungen von Gesten mit dem Primärobjekt aufgebaut sind.

Die Intentionen der anderen Person und die verkörperten Möglichkeiten des interagierenden Kindes können direkt im Gesicht und in den körperlichen Handlungen des Anderen abgelesen werden. Dies bietet einen weiteren Blickwinkel auf die Bedeutung der Qualität der verkörperten Erfahrung zwischen Bezugsperson und Kind und – wir können hinzufügen – zwischen Patient und Therapeut. Während eines solchen nonverbalen Austauschs, bei dem sowohl Eltern als auch Säugling ihre Gedanken ausdrücken und auf die Gedanken des Anderen hauptsächlich unbewusst und häufig körperlich reagieren, ist die Fähigkeit der Eltern, die nonverbal ausgedrückte innere Welt des Säuglings zu verstehen, von zentraler Bedeutung. Sie liefert den Schlüssel zur Schaffung der Grundlagen für die Entwicklung der Fähigkeit, Erfahrungen zu mentalisieren (Shai & Fonagy, 2013). Der Begriff des verkörperten Mentalisierens bietet eine hilfreiche Perspektive in Bezug auf die Spannungen, die wir in der Literatur zwischen den psychoanalytischen Ein- und Zwei-Personen-Modellen in Bezug auf den Körper feststellen können. Er führt die Realität des Körpers und seiner Individualität sowie seiner Prädispositionen (zum Beispiel konstitutionelle Veranlagung) mit der Tatsache zusammen, dass die Erfahrung des In-einem-Körper-Seins den Körper und die Psyche eines Anderen erfordert, um die Fähigkeit zu stärken, die eigene Körpererfahrung zu mentalisieren und damit die affektiven Erfahrungen zu regulieren.

Der Körper, den man hat, und der Körper, der man ist: das verkörperte Selbst und die Erfahrung, gesehen zu werden

Mein psychoanalytischer Ansatz basiert auf einem Entwicklungsmodell, das in den Objektbeziehungs- und der Bindungstheorien verankert ist und – wie im vorangegangenen Abschnitt dargelegt – den besonderen Fokus auf das Embodiment richtet. Wendet man dieses Modell auf das Thema Transgeschlechtlichkeit an, zeigt sich ein Defizit in einem intersubjektiven Spiegelungsprozess von Körperzuständen. Damit kann uns das Modell helfen, die Notlage einiger Transgender-Personen zu verstehen. Die Erfahrung, gesehen zu werden (oder nicht), visuell und mental von dem Anderen aufgenommen zu werden (oder nicht), stellt ein besonderes, stark ausgeprägtes Merkmal meiner Patienten dar; sie ist eine Reaktion auf die Erfahrung des Selbst, was das Embodiment betrifft.

In den Berichten von Transgender-Personen in verschiedenen Phasen der Transition tauchen immer wieder vier Themen auf. Das erste Thema betrifft das Gefühl der Inkongruenz zwischen dem vorgegebenen Körper und dem Körper, der als das »richtige« physische Zuhause für das Selbst betrachtet wird. Das zweite Thema betrifft die Schwierigkeit, diese gefühlte Inkongruenz, als sie zum ersten Mal erlebt wurde, den wichtigsten Bezugspersonen in der Kindheit und Jugend mitzuteilen. Das dritte Thema betrifft die Erfahrung, gesehen zu werden: Entweder fühlt sich der Einzelne nicht gesehen (das heißt, nicht erkannt) oder er fühlt sich angeschaut; was zurückgespiegelt wird, hinterlässt bei ihm das Gefühl der Ablehnung und/oder der Scham. Ich verwende den Begriff »gesehen werden« sowohl im metaphorischen als auch im wörtlichen Sinne. Der Kern der Erfahrung von Transgender-Personen liegt tatsächlich in der visuellen Ordnung: Sie leben innerlich und äußerlich in einer Schattenwirtschaft. Das vierte Thema betrifft schließlich das Ausmaß oder die

Dringlichkeit des Aufwands für eine medizinische Transition und somit die Intensität, mit der eine Transgender-Person auf ihre Körperlichkeit konzentriert ist. Dies ist ein klinisches Unterscheidungsmerkmal: Das Bedürfnis, eine medizinische Transition durchführen zu lassen, fiel mir oft bei den Personen als besonders dringlich auf, die über feindselige, abwesende oder unangepasste Reaktionen der Bezugspersonen auf ihre subjektive Erfahrung der Inkongruenz zwischen ihrem Körper und ihrer Geschlechtsidentifikation berichten.

Einige Transgender-Personen beschreiben ihre Erfahrung häufig mit Begriffen wie »ich fühle mich wie in Stücken« oder »ich fühle mich wie ein unvollständiges Puzzle« oder »ich bin mir selbst fremd«. Hinter diesen Äußerungen verbirgt sich eine beunruhigende Diskontinuität, was die Erfahrung des Selbst betrifft. Sie führt dazu, dass diese Personen nach dem Körper zu suchen, von dem sie erwarten, dass er sie von dieser unerträglichen Erfahrung befreit (Lemma, 2012). Dies kann sich in der Übertragung als Aufforderung an den Therapeuten manifestieren – und tatsächlich zuweilen unter eindringlichem, immensem Druck –, als Patient im Zustand der Inkongruenz gesehen und in diesem Zustand seelisch aufgenommen zu werden. Eine Möglichkeit, die Erfahrung einiger Transgender-Personen zu konzeptualisieren, besteht deshalb in folgender Überlegung: Sie waren in ihrer Kindheit dem wiederholten Scheitern einer kontingenten Spiegelung und Mentalisierung ihrer auf der Körperebene empfundenen Inkongruenz, unabhängig von deren Ätiologie, ausgesetzt. In diesen Fällen kann Transgeschlechtlichkeit als eine Störung der Identitätskohärenz verstanden werden, die keine weitere spezifische Ursachenforschung erfordert.

Projektive Identifizierungen der Eltern in den Körper des Kindes oder die Unfähigkeit der Eltern, die Körpererfahrungen des Kindes zu spiegeln, tragen möglicherweise zu Verzerrungen in der Entwicklung des Kindes bei, die sich klinisch als Störungen der Geschlechtsidentifikation manifestieren können. Stellen sich Personen mit diesen Störungen bei uns vor, ist es zum besseren Verständnis notwendig, Folgendes in Betracht zu ziehen: Wir müssen nicht nur die projektiven Prozesse berücksichtigen, die der Art und Weise zugrunde liegen, wie der Körper und das Geschlecht, wie sie von den Eltern wahrgenommen und erlebt werden, auf das Kind zurückgespiegelt werden, sondern wir müssen auch darauf achten, in welch unterschiedlicher Weise die Introjektion dieser Erfahrungen die Verzerrungen und die höchst individuelle Ausgestaltung in der inneren Welt des Kindes beeinflusst.

In der Psychoanalyse gilt die Fähigkeit des Primärobjekts, die Erfahrungen des Kindes zu spiegeln, seit Langem als wesentlicher Faktor für die Qualität der verinnerlichten Objektbeziehungen. Winnicott (1956) nahm an, dass das Kind, wenn es die Mutter anschaut, im Ausdruck der Mutter die eigenen seelischen Zustände seines Selbst sieht. Hier bekommt die Spiegelfunktion der Mutter eine zentrale Bedeutung für die Entwicklung der Selbstrepräsentation des Babys. Aus einer anderen Perspektive betrachtet Bion (2013 [1967]) eindrucksvoll die Funktion der Spiegelung: Er hebt die entwicklungsbedingte Bedeutung einer realen Mutter hervor, die in der Lage ist, die psychologischen Erfahrungen des Säuglings zu absorbieren (das heißt, zu containen), zu verarbeiten und weiterzugeben, wodurch die allmähliche Verinnerlichung der Denkfunktion unterstützt wird.

Die Theorien von Winnicott und Bion unterstreichen jeweils die Bedeutung der Spiegelung und Transformation der Erfahrung des Kindes; sie wird durch die Fähigkeit des Primärobjekts vermittelt, die innere Erfahrung des Kindes genau zu spiegeln und gleichzeitig deutlich zu machen, dass er/sie eine andere Erfahrung gemacht hat (die Spiegelung wird »markiert«). Dieser Prozess erleichtert die Mentalisierung der Erfahrung. Ich möchte an dieser Stelle betonen, dass dies auch die Spiegelung der somatischen Reaktivität und Erregbarkeit einschließt, die durch den frühen körperlichen Austausch zwischen Mutter und Kind stimuliert werden, der für die Mutter (in ihrer Vorstellung) eine sexuelle Bedeutung haben und die Spiegelungsfunktion beeinträchtigen kann.

Wenn die eigene Körpererfahrung in der Psyche des Anderen repräsentiert werden kann, trägt dies zur Entwicklung einer kohärenten, im Körper verankerten Wahrnehmung des Selbst bei. Ein Kind, das seinen Körper als unvereinbar mit seinem innerem Erleben wahrnimmt und mit dem das Primärobjekt wiederholt nicht als eigenständiges und intentionales Wesen mit kontingent markierter Spiegelung in Beziehung tritt, läuft im Gegensatz hierzu Gefahr, ein »fremdes Selbst« zu entwickeln. Es handelt sich hierbei um einen Zustand des Selbst, der auf dem fehlangepassten psychischen Zustand eines Elternteils basiert (Fonagy et al., 2018 [2002]). Durch einen Prozess der Introjektion wird dieser Zustand Teil der Kernstruktur des Selbst, bleibt aber dem authentischen Zustand des Kindes fremd. Die Störung eines frühen Spiegelungsprozesses, der als eine im Körper verankerte Inkongruenzerfahrung erlebt wird, kann dazu beitragen, dass wir verstehen, wie das Kind dann einer unerträglichen inneren Erfahrung ausgesetzt ist. Es erlebt eine Dissoziation in Bezug auf seinem vorgegebenen Körper, der sich unwirklich anfühlt und in eine kohärente Erfahrung des Selbst nicht integriert werden kann. Dies kann dann zur Suche nach dem »richtigen« Körper führen, der Erleichterung von dem Schmerz der Inkongruenz garantieren soll. Am Beispiel der Erfahrung von Frau A. möchte ich dies verdeutlichen; ich arbeitete mit ihr fünf Jahre lang einmal pro Woche im Sitzen in einer Zeit, in der sie sich während unserer gemeinsamen Arbeit einer vollständigen geschlechtsangleichenden Operation unterzog.

Der Fall von Frau A.

Frau A. war eine MtF-Transgender-Frau (vom Mann zur Frau) in ihren späten Zwanzigern, die – im Rahmen ihrer Entscheidung, sich einer geschlechtsangleichenden Operation zu unterziehen – mit der Bitte um Unterstützung an mich überwiesen wurde.

Zu dieser Zeit war sie depressiv und litt unter Panikattacken, die sie mit dem Aufenthalt im Freien in Verbindung brachte. Als sie zu mir kam, lebte sie bereits seit über zwei Jahren als Frau. Ihre körperliche Erscheinung war das Erste, was mir entgegenschlug. Ich verwende das Wort »entgegenschlagen« mit Absicht, um die starke visuelle Dynamik hervorzuheben, die ich in dieser Arbeit erlebe. Transgender-Personen, die am binären Geschlechterschema festhalten, sehen in der Phase des Übergangs die Notwendigkeit, den eigenen Körper zu »bearbeiten«, und nehmen oft ein karikiertes/stereotypes »weibliches« oder »männliches« Aussehen an, das in der Tendenz zu einer äußeren Erscheinung führt, die das Gegenteil von dem bewirkt, was bewusst beabsichtigt wird:[7]

Sie macht unentwegt auf eine Inkongruenz zwischen dem biologisch zugewiesenen Geschlecht und dem Geschlecht aufmerksam, mit dem sich die Person identifiziert. Wie auch in anderen Fällen hat mich bei Frau A. das Übermaß, mit dem sie ihr weibliches Aussehen betont, sehr stark beeindruckt; als wenn eine mögliche (unbewusste) Funktion dieser inkongruenten visuellen Erscheinung[8] gerade darin bestünde, meinen Blick auf den Zustand der Inkongruenz des Selbst zu lenken, ihn in mir aufzunehmen und für sie zu verdauen.

Als Einzelkind machte Frau A in ihrer Kindheit leidvolle Erfahrungen, die von häufigen und bisweilen gewalttätigen Ausein-

7 Ich beziehe mich hier speziell auf die Wahl der Kleidung und die Art und Weise, wie Make-up verwendet wird.

8 Ich sage dies, weil nicht alle Transgender-Personen sich in dieser übertriebenen Weise präsentieren.

andersetzungen zwischen ihren Eltern geprägt waren; beide Eltern schienen emotional nicht zur Verfügung zu stehen. Ihre Mutter hatte schwere Alkoholprobleme, ihren Vater beschrieb Frau A als distanzierten, jähzornigen Mann, der in ihrer späten Jugend starb. Sie erlebte bei keinem der beiden Elternteile körperliche Zuneigung.

Sie erinnerte sich daran, dass sie seit dem Alter von vier Jahren die Kleider ihrer Mutter trug. Sie sagte, sie könne genau den Moment – etwa im Alter von fünf Jahren – in Erinnerung rufen, als ihr klar wurde, dass sie ein »Mädchen« war. Ihr Crossdressing blieb geheim, sie trug oft genussvoll die Kleider ihrer Mutter, wenn diese nach ihren häufigen Alkoholexzessen schlief. Dies hatte eine wohltuende Wirkung, aber sie leugnete jegliche damit verbundene sexuelle Erregung. Ich gewann den Eindruck, dass das Crossdressing manchmal als Versuch diente, auf ihrer Haut die liebevolle Berührung einer fantasierten liebenden Mutter hervorzurufen, die die tatsächliche Mutter, die sie nicht berührte, ersetzte. Ferenczi stellte eindeutig fest, dass die körperliche Selbststimulation als Ersatz »für das verlorene Objekt am eigenen Körper« verstanden werden kann (1924, S. 33).

Frau A. erzählte mir, ihre Mutter habe sie ein paar Mal beim Crossdressing gesehen, und sie erinnerte sich daran, dass ihre Mutter dies anscheinend ignorierte. Sie berichtete jedoch auch von einem Fall, als ihre Mutter die sechsjährige Tochter in ihren Kleidern sah und ihr sagte, sie sähe »lächerlich« aus, und lachte.

Frau A. erinnerte sich, dass sie sich sehr für ihren Körper schämte. Was auch immer ihre Mutter tatsächlich getan haben mag oder nicht, Frau A. hatte den Eindruck, ihre Mutter reagiere entweder überhaupt nicht auf die von ihr wahrgenommene Inkongruenz zwischen den Erwartungen an ihr Aussehen und der Erfahrung mit ihrem eigenen Körper oder ihre Mutter habe sie bewusst lächerlich gemacht, als sie mit dieser Inkongruenz konfrontiert wurde. Dies führte dazu, dass Frau A. nicht nur Schamgefühle hatte, sondern auch die unbewältigte

Erfahrung einer tiefgreifenden Inkongruenz auf der Ebene ihres körperlichen Selbst machte.

Als ich diesen Berichten zuhörte, hatte ich offensichtlich keinen Zugang zu externen Informationen, die die Aussagen von Frau A bestätigten, deshalb konzentriere ich mich auf das, was ich den Berichten über ihre innere Welt entnehmen konnte. Ich war entsetzt über die schmerzhafte, fehlende innere Beziehung, von der Frau A. in ihren Gesprächen mit ihrer Mutter berichtete. Sie schwang in der Gegenübertragung in der Art und Weise mit, in der ich mir ungewöhnlich bewusst war, wie ich sie ansah und welche Worte ich benutzte, als wenn es eine Katastrophe wäre, sie nicht zu verstehen.

Frau A. erinnerte sich daran, dass sie immer einen Widerspruch zu ihrem vorgegebenen Körper empfunden hatte. Sie hatte ein Gefühl der Entfremdung von ihrem Körper, als gehöre er jemand Anderem. Sie spürte keinerlei »Hass« auf ihren männlichen Körper, aber sie fühlte sich in ihm auch nicht zu Hause. In der Schule bevorzugte sie Freundschaften mit Mädchen und spielte nicht gerne mit Jungen. Als sie älter wurde, hatte sie das Gefühl, unter dem Druck der Realität, die sie vor allen verbergen musste, zu »explodieren«: Sie hatte das Gefühl, eine Frau im Körper eines Mannes zu sein. Im Alter von 18 Jahren, kurz nach dem Tod ihres Vaters, verließ sie ihr Zuhause. Danach blieb sie in sporadischem Kontakt zu ihrer Mutter.

Frau A. fühlte sich nicht wohl in ihrem Körper, der aussah, als gehöre er jemand Anderem. Ich sage dies, weil mich ihr äußeres Erscheinungsbild irritierte: Sie trug sehr kurze Röcke, die ihren sehr athletischen und unverkennbar »männlichen« Körperbau zur Schau stellten. Ihre Brüste, die durch Hormonbehandlungen und andere Hilfsmittel vergrößert worden waren, konnte man deutlich erkennen, sie passten aber nicht zum Rest ihres Körpers. Die Art, wie sie sich präsentierte, hatte nichts Sexuelles. Ich hatte eher den Eindruck, ihr Körper sei verschlossen und hätte sich von allem Lebendigen abgewandt, wie ein Geist, der sich verkleidet hat und nirgendwo hingehen kann – meiner Einschätzung nach zumindest teilweise die Folge fehlender früher körperlicher Kathexis durch beide Elternteile. Somit hatte Frau A. keinen Zugang zu der Erfahrung eines begehrenden, auf sie gerichteten Blicks oder einer Berührung, die dazu hätte beitragen können, dass sie ihre eigene Freude an ihrem Körper erlebt und sexuelles Verlangen entwickelt.

Da diese Sitzungen von Angesicht zu Angesicht stattfanden, spürte ich, dass Vieles zwischen uns durch unsere jeweiligen Blicke kommuniziert und inszeniert wurde. Ich für meinen Teil musste darauf achten, wie ich sie ansah: Es fiel mir schwer, sie visuell in mir aufzunehmen, und nicht selten wünschte ich mir, sie läge auf der Couch und säße mir nicht gegenüber. Es war wichtig, diese starke Reaktion der Gegenübertragung zu begreifen, denn sie half mir, ein wenig zu verstehen, was zwischen uns noch nicht in Worte gefasst werden konnte.

Frau A. entwickelte sehr schnell eine intensive Übertragung auf mich. Sie beschäftigte sich intensiv mit den Sitzungen und meinen Gedanken über sie. Die Abstände zwischen den Sitzungen fielen ihr sehr schwer. In den ersten Jahren spürte ich, dass sie buchstäblich nach Raum in meinem Kopf hungerte. Ich griff dies in der Übertragung bei vielen Gelegenheiten auf. In dieser Phase waren ihre Reaktionen auf Deutungen des Übertragungsgeschehens interessant und eine Manifestation dieses »Hungers«: Ich hatte das Gefühl, dass sie sich an meine Intimität und die Unmittelbarkeit einer Übertragungsdeutung gewöhnte, anstatt sie nutzen zu können: Das sogenannte Hier und Jetzt wurde zu einem bequemen, begrüßenswerten Zuhause, das ihr scheinbar die Sicherheit gab, dass wir uns sehr nahe waren, nur um sich brutal zurückgestoßen zu fühlen, sobald die Sitzung endete.

Frau A. stellte ihren Äußerungen oft Sätze voran wie »Ich glaube, ich erkläre das nicht richtig« oder »Sie werden das nicht verstehen, weil ich es so schlecht ausdrücke.« Es schien so, als würde sie mir etwas mitteilen, was nicht kommuniziert werden kann, und ich würde sie nicht verstehen. Nicht selten hatte ich den starken Eindruck, dass wir beide zwar miteinander sprachen, uns aber nie wirklich begegneten. Unser Austausch hatte etwas ziemlich Steriles. Nur wenn ich sie visuell in mich aufnahm oder mir bewusst wurde, dass sie mich ansah, geschah etwas Unmittelbareres, auch wenn es manchmal etwas Beunruhigendes war. Aber es dauerte seine Zeit, bis wir gemeinsam die Erfahrung, zu sehen und gesehen zu werden, »betrachten« konnten.

Im ersten Jahr wurde die Übertragung sehr idealisiert und ich erlebte Frau A. oft so, dass sie mit mir verschmelzen und tatsächlich wie ich werden wollte. Sie setzte ihre Fantasie, wie ich zu werden, wirklich um, als sie zu einer ihrer Sitzungen in einer Kleidung erschien, mit der sie offensichtlich versuchte, eines meiner Outfits zu kopieren. Sogar ihr langes Haar hatte sie wie mein Haar frisiert.

Der psychologische Mechanismus, der sich hier zeigt, wird von Resnik (2001) als »psychischer Transvestismus« bezeichnet: Durch projektive Identifizierung nimmt das Selbst die Körperform und den Charakter einer anderen Person an, kleidet sich mit der Kleidung einer anderen Person und imitiert deren Gesten und Aussehen. Es handelt sich hierbei um eine Form der Nachahmung, die der Identifikation vorausgeht und in erster Linie durch das Sehen erfolgt (Gaddini, 2016). Solche Imitationen sind Fantasien, durch Modifikation des eigenen Körpers das Objekt zu sein oder zum Objekt zu werden.

Im Laufe der Zeit untersuchten wir ihre Nachahmung und die Aneignung meiner Person auf diese sehr konkrete Weise. Dies führte dazu, dass sie von den langen Phasen erzählte, in denen sie als Kind mit ihrer betrunkenen Mutter allein zu Hause war, ihre Kleider anzog und ihre Stöckelschuhe trug. Ich hatte den Eindruck, sie versuchte, eine Erfahrung der Nähe zu ihrer Mutter heraufzubeschwören, indem sie sie nachahmte – und buchstäblich in ihre Schuhe schlüpfte.

Die Erfahrung, dass Frau A. mich nachahmte, hatte allerdings noch eine andere Dimension, die uns in eine vielversprechende Richtung führte. Der Anblick von Frau A., die eine Kopie meines Outfits trug, hatte eine seltsam verstörende Wirkung auf mich. Ich ertappte mich dabei, wie ich sie ansah und die Spuren meines eigenen Outfits wiedererkannte, das nun aber nicht mehr passend aussah. Ich war verunsichert und dachte: »So sehe ich nicht aus!«, als wenn ich mich von dem distanzieren müsste, was sie zur Schau stellte. Außerdem hatte ich das Gefühl, sie mache mich durch die Nachahmung meiner Person lächerlich – diese Erfahrung entsprach vielleicht derjenigen, die sie gemacht hatte, als ihre Mutter beim Anblick ihres Crossdressings lachte. Mit anderen Worten: Ich reagierte so, als wenn ich irgendwie falsch dargestellt und mir ein verzerrtes, geringschätziges Bild von mir gezeigt würde, das ich – da es sich fremd anfühlte – nur schwer verkraften konnte: So sah ich mich selbst nicht oder wollte auch nicht so gesehen werden. Als ich auf dieses Gespräch zurückblickte, dachte ich, Frau A. hatte den Spieß irgendwie umgedreht und mich der Erfahrung ausgesetzt, von ihr in meinem körperlichen Zustand nicht richtig gespiegelt zu werden.

Diese Sichtweise war schließlich hilfreich, um auch ihre Panikattacken und Agoraphobie besser zu verstehen. Frau A. erlebte öffentliche Räume – wie sie es ausdrückte – subjektiv als Spiegelkabinett. Sie sagte, dass sie sich außerhalb ihrer Wohnung von der Möglichkeit verfolgt fühle, ihr Spiegelbild in Schaufenstern zu erblicken oder von anderen Menschen beobachtet zu werden. In diesen Spiegeln, erklärte sie, »sehe ich ganz falsch aus«. In solchen Momenten fühle sie sich wie benommen und wolle am liebsten zurück in die Sicherheit ihrer dunklen Wohnung fliehen.

Es war, als wenn sie bei ihren Panikattacken eine alptraumhafte Erfahrung mache, bei der sie gezwungen wurde, einen Körper zu betrachten, der nicht zu ihr passte.[9] Außenräume setzte sie scheinbar

9 Ich habe in Erwägung gezogen, dass Frau A. an einer Körperdysmorphen Störung (KDS) leiden könnte, aber die Art, wie sie sich insgesamt präsentierte, ließ sich nicht mit dieser Diagnose vereinbaren. Es gibt allerdings einige Menschen, die sich als Transgender-Personen präsentieren, aber in Wirklichkeit eher KDS-Patienten sind.

mit verzerrenden, reflektierenden Oberflächen gleich, vielleicht vergleichbar mit den betrunkenen Augen ihrer Mutter oder den abwesenden Augen ihres Vaters, in denen sie sich nicht wiedererkennen konnte. Es war sehr wichtig, dass wir uns bei unserer Arbeit auf ihre tief sitzende Erwartungshaltung konzentrierten; sie glaubte, ihre Objekte könnten es nicht ertragen, sie so zu sehen, wie sie war, und sie könnten nicht akzeptieren, dass sie sich in ihrem Innersten als »fehl am Platz« erlebte – dies wurde in der Art und Weise sichtbar, wie sie sich körperlich präsentierte.

In der Zeit vor der Operation, in der sie in einer Spezialklinik untergebracht war, machten wir uns bei unserer gemeinsamen Arbeit über die mit der Operation verbundenen Fantasien viele Gedanken. Frau A. sprach von der geschlechtsangleichenden Operation als *der* Lösung mit einer Überzeugung, die immer dann wieder auflebte, wenn sie mich als für sie unerreichbar hielt. In diesen Momenten konnten wir verstehen: Die Fantasie von einem weiblichen Körper, den sie eines Tages annehmen würde, war ihre Art, sich mit der Trennung von mir zu versöhnen, vielleicht so, wie sie es als kleines Kind getan hatte, wenn sie ihre Mutter wiederholt an den Alkohol verlor. In solchen Momenten tröstete sie sich gedanklich mit der Fantasie, sich selbst zu gebären und einen Körper zu bewohnen, der vollkommen war, sich selbst genügte und eine direkte Nachbildung des idealisierten Körpers und der Psyche der Mutter darstellte, derer sie sich beraubt fühlte – nur dass in dieser Fantasie der Körper zu »einer Kopie ohne Originale« (Baudrillard, 1988) wurde, da die Mutter praktisch ausgelöscht war.

In diesem Zustand wurde der vorgegebene Körper zu dem Gespenst eines Körpers, der keinen Bezug zur Realität und keine Geschichte mehr hatte: Ihr Penis wurde dann als ein fremdes »Ding« erlebt, das nichts mit ihr zu tun hatte und abgeschnitten werden musste. Im Gegensatz hierzu wurden ihre »neuen« Brüste die Absicherung, dass sie niemanden brauchte. Die geplante Operation eröffnete nicht mehr die Möglichkeit eines besseren Lebens, das mit ihrer subjektiven Erfahrung übereinstimmte, sondern wurde stattdessen zu einer Möglichkeit, einen tiefen Groll gegen ihre Mutter zum Ausdruck zu bringen.

Mit der Zeit wurde Frau A. offener für unsere Nachforschungen nach den Ursachen ihres Wunsches, tatsächlich »ich/ihre Mutter« zu werden, um die schmerzhafte Erfahrung der Trennung zu vermeiden, die sich für sie wie eine traumatische Vertreibung aus der seelischen Welt des Anderen anfühlte.

Ich möchte allerdings hervorheben: Dies hatte keinerlei Auswirkung auf ihr starkes Gefühl, dass sie sich im Körper einer Frau wohler fühlte, und ich möchte ergänzen, dass das therapeutische Ziel nie darin bestand, dies zu ändern. Ich sah meine Rolle darin, ihr zu helfen, ihre Erfahrungen zu verstehen, sodass sie auf der Grundlage der gewonnenen Erkenntnisse fundierte Entscheidungen in Bezug auf ihre Operation treffen konnte.

Nach etwas mehr als zwei Jahren Therapie unterzog sich Frau A. einer geschlechtsangleichenden Operation. Als der Termin näherkam, schwankte sie zwischen Angstzuständen und Manie. Sie hatte die Erwartung, die Operation würde endlich die Erfahrung beenden, dass sie sich in sich selbst und in ihrem Körper nicht wohlfühlte. Sie glaubte, sie dürfe endlich eine sexuelle Beziehung haben, weil der Körper, den sie einem Partner zeigen würde, der Körper wäre, mit dem sie sich wirklich identifizierte. Nach der Operation traten mehrere körperliche Komplikationen auf, die dazu führten, dass sie depressiv und verzweifelt war, denn sie glaubte, ihr Körper würde sich nie richtig anfühlen. Erneut war ich mir der visuellen Beziehung zwischen uns sehr bewusst. Ich hatte das Gefühl, dass sie mich brauchte, um mit meinen Augen und meiner Psyche diesen rekonstruierten Körper in mich aufzunehmen, der ihrer Meinung nach immer noch unvollkommen war. Es war, als wenn sie einen Zeugen für diesen Prozess brauchte – einen, der bereit war, zu schauen und sie nicht zu beschämen.

Frau A. war wütend auf den Chirurgen, da er schlechte Arbeit geleistet hatte. »Ich sehe immer noch verkehrt aus und es fühlt sich nicht gut an«, sagte sie vorwurfsvoll. Sie war sich schmerzlich bewusst, dass sie, obwohl sie keinen Penis mehr hatte und nun eine rekonstruierte Vagina besaß, immer noch männlicher aussah, als sie es sich wünschte. Frau A. erlebte dies als sehr schmerzhaft, aber es war für sie unerlässlich, sich mit ihrer übersteigerten Fantasie auseinanderzusetzen, dass eine geschlechtsangleichende Operation ihr all den Schmerz nehmen würde, der so konkret in ihrem Körper steckte.

In einem Traum, den sie etwa um diese Zeit hatte, kaufte sie einen großen antiken Spiegel, den sie vorsichtig über ihrem Kaminsims aufhing. Eines Nachts fiel er herunter und zerbrach in Stücke. Wir deuteten diesen Traum als eine Mitteilung an mich: Sie suchte in meinen Augen nach einem Spiegel, der ihr die Gewissheit geben würde, dass die Operation erfolgreich gewesen war; aber jedes Mal, wenn sie mich/den Spiegel ansah, hatte sie das Gefühl, nur sich selbst »in Stücken« zu sehen.

Ich war fasziniert davon, wie »antik« der Spiegel war. Ich griff dies auf und sagte ihr, dass der antike Spiegel den Wunsch an mich ausdrücken könnte, auch ihren »alten« Körper zu spiegeln, um sich an ihn zu erinnern, wenn ihr dies schwerfiel. Denn ihr Körper und seine Geschichte waren trotz der Operation immer noch ein Teil von ihr.

Frau A. begann zu weinen und sagte, sie könne es nicht ertragen, alte Fotos von sich vor der Operation oder als Junge anzusehen. Dann beruhigte sie sich und sagte völlig teilnahmslos, dass sie mit dem Gedanken spiele, sie zu zerreißen. Ich sagte ihr, dass sie mir auf diese Weise mitteile, wie schwer es ihr fiel, mit ihrem »alten« Körper verbunden zu bleiben, und dass sie jetzt meine Deutung buchstäblich in Stücke reißen wolle. Die Deutung, ergänzte ich, hätte sich vielleicht so angefühlt, als würde sie gewaltsam mit der Realität ihres »alten« Körpers und dem Schmerz konfrontiert, den sie in sich trug und von dem sie gehofft hatte, die Operation würde ihn in Stücke reißen.

Nach der Enttäuschung über die Operation war es wichtig, gemeinsam über ihre Wahrnehmung nachzudenken, dass ich das besitze, was sie wollte, und alles für mich behalte. Zunächst verstand ich das so, dass ich die Frau war, die sie sein wollte, aber schließlich wurde mir klar, dass dies nicht zutraf: Mein biologisches und gesellschaftliches Geschlecht waren ein Ablenkungsmanöver. Worum Frau A. mich am meisten beneidete, war ihre Vorstellung, ich besäße einen Körper, der begehrt wurde und begehren konnte. Sie sprach sogar davon, dass sie glaubte, ich sei »lebendig« und entspannt. In diesen Sitzungen wurden erste Anzeichen einer langsamen und schmerzhaften Veränderung ihres Gemütszustandes sichtbar hin zu dem, was wir als eher depressives Funktionieren bezeichnen können.

Einige Monate später wurde diese Entwicklung offensichtlich, als sie in einer wichtigen und spontanen Geste Fotos von sich selbst als Junge mitbrachte, um mir zu zeigen, wie unglücklich sie in diesem »alten« Körper ausgesehen hatte. Mein Gedanke war: Sie versuchte nicht nur, sich selbst zu versichern, dass sie mit der Operation das Richtige getan hatte, sondern sie begann auch, einen geisterhaften Teil von sich selbst zu betrachten, den diese Bilder ihres Körpers aus der Kindheit deutlich zeigten und der trotz der geschlechtsangleichenden Operation noch zu ihr gehörte. So gelang es uns, zu verstehen, dass die Anpassung an ihren Körper nach der Operation zum Teil nur dann gelingen konnte, wenn sie den männlichen Körper, den sie einst bewohnt hatte und mit dem sie bewusst und unbewusst in ihrer Psyche verbunden war, sehen und annehmen konnte.

Ein Jahr nach der geschlechtsangleichenden Operation begann Frau A. eine sexuelle Beziehung (die erste seit mehr als zehn Jahren) mit einem Mann, der Probleme zu haben schien, aber liebevoll zu ihr war. Sie teilte ihm ihre Geschichte mit und fühlte sich angenommen. Allmählich kehrte sie ins Leben zurück und begann ihren Körper als potenzielle Quelle der Lust zu begreifen. Möglicherweise ließ es sich nicht vermeiden, dass sie aufgrund ihrer Vorgeschichte empfindlich auf Kränkungen durch Andere reagierte und sich leicht schämte, aber sie konnte dies bei sich selbst auch besser verstehen.

Ihre Panikattacken ließen deutlich nach, und sie fand Arbeit. Es schien, als ob ihr Körper nicht nur im Kontext ihrer neuen Beziehung, sondern auch ganz allgemein in der Art, wie sie sich in den einst so gefürchteten, ungeschützten Lebensbereichen wahrnahm, größere Möglichkeiten entdeckte. Bezeichnenderweise begann sie, Kleidung zu tragen, die besser zu ihrem tatsächlichen Körperbau passte, wodurch die frühere, von mir bemerkte visuelle Inkongruenz abnahm. Als wir unsere Arbeit beendeten, wusste Frau A., dass die geschlechtsangleichende Operation für sie das Richtige gewesen war und die Therapie ihr geholfen hatte, mit sich selbst ins Reine zu kommen.

Im Fall von Frau A. versäumten es die Eltern, nicht nur ihre Erfahrung der Inkongruenz, die für ihre subjektive Körpererfahrung und Geschlechtsidentität zentral war, sondern auch ihr Gefühlsleben in einem eher allgemeinen Sinn zu spiegeln. Wenn ich die fehlende Spiegelung für wesentlich erachte, um die Transgender-Identifikation von Frau A. zu verstehen, denke ich an die Auswirkungen der wiederholten Erfahrungen, das Gefühl zu haben, sich »nicht im richtigen Körper« zu befinden; diese Erfahrungen blieben psychisch unbearbeitet und zeigten sich deshalb konkret in ihrem Körper.

Es lässt sich nicht mit Sicherheit sagen, ob biologische und/oder psychologische Faktoren das frühe Gefühl von Frau A., ein Mädchen im Körper eines Jungen zu sein, am besten erklären. In ihrem speziellen Fall überzeugt mich eine psychogene Erklärung ihrer Transgender-Identifikation, wenn man bedenkt, wie die frühe Geschichte emotionaler Deprivation und insbesondere die Art und Weise, wie die »Abwesenheit« der Mutter und der Hass auf den Vater, der sie diesem Schicksal überlassen hatte, anscheinend durch eine weibliche Identifikation bewältigt wurden; diese weibliche Identifikation unterstützte die Fantasie der symbiotischen Verschmelzung mit der Mutter (Ovesey & Person, 1973) und löschte den Vater aus.

Ich entschied mich, den Fall von Frau A. vorzustellen, da er eine Dynamik veranschaulicht, die ich bei anderen Personen beobachtet habe. Auch wenn ihre Transgender-Identifikation höchstwahrscheinlich übersteigert war und ihre Erfahrungen mit der medizinischen Transition alles andere als einfach waren, so ist der Fall von Frau A. ein gutes, eindeutiges Beispiel dafür, dass die Transition für sie der richtige Weg war. Ich konnte beobachten, wie sich ihre Lebensqualität nach der Transition insgesamt verbesserte.

Der vorgegebene Körper und die zeitliche Verbindung

Die Erkenntnis, dass der »vorgegebene« Körper psychologisch wichtig ist, bildet den Ausgangspunkt meiner Arbeit mit Transgender-Personen. Dies bedeutet nicht, dass ich in jedem Fall das Festhalten am vorgegebenen Körper seiner Modifikation als das Zeichen psychischer Gesundheit vorziehe oder dass ich glaube, die kontinuierliche Repräsentation des Körpers über einen längeren Zeitraum sei höherwertiger als eine Erfahrung von Fluidität und Diskontinuität. Vielmehr behaupte ich: Die Entwicklungsgeschichte des »vorgegebenen« Körpers und die Geschichte darüber, was wir mit ihm machen wollen, sind wichtige Teile des psychischen Puzzles, die in das persönliche Narrativ über unser Leben und unsere Identität integriert werden müssen. Diese Geschichte spiegelt unweigerlich sowohl reale Erfahrungen mit realen Menschen wider, die von deren Projektionen und Wünschen geprägt sind, als auch die innere Welt der Objektbeziehungen, die stets als Mittler unserer subjektiven Erfahrung fungiert.[10]

10 Ich danke Oren Gozlan (2018a) für seine Kritik an meinem Artikel von 2016; dadurch hatte ich die Gelegenheit, meine eigene Position in dieser Hinsicht zu klären, obwohl ich einige seiner Bedenken gegen meine Position bereits in meiner früheren Arbeit über Körpermodifikation (Lemma, 2016) thematisiert habe.

Ich möchte mich auf die doppelte Bedeutung des »vorgegebenen« Körpers konzentrieren, das heißt, den geschlechtsbestimmenden Körper, in den wir hineingeboren werden, und den Körper, der uns de facto von unseren Eltern vorgegeben wird und uns mit ihnen verbindet, unabhängig von allen Veränderungen, die wir später an dem vorgegebenen Körper vornehmen. Der vorgegebene Körper trägt unauslöschlich die Spur unserer Mutter, deren Körper wir im Uterus teilen. Aber unser Körper bildet auch das stärkste und konkreteste Überbleibsel des realen elterlichen Paares, das ihn überhaupt erst hervorgebracht hat. Unsere Orientierung an der Wirklichkeit hat eine zeitliche Dimension, die mit diesen grundlegenden Tatsachen des Lebens zusammenhängt. In diesem Sinne könnten wir sagen, dass die Struktur, die der Körper in unserer Psyche erfährt, an sich zeitlich ist. Die tatsächlichen Ursprünge des Körpers sind der konkrete Beweis für eine spezifische Dimension der »Zeit vor mir«: bevor ich gezeugt wurde, bevor ich geboren wurde, bevor ich existierte. Sind wir uns dieser »Zeit vor mir« bewusst, setzen wir uns unweigerlich der Erfahrung des Ausschlusses und der Passivität gegenüber denjenigen aus, die uns durch eine Verbindung, die uns nicht nur ausschließt, sondern auch hervorgebracht hat, das Leben schenken. Mit anderen Worten: Wir müssen den Schmerz des Ausschlusses *und* des Neids auf die Schöpfungskraft des Paares ertragen. Dies bildet die Grundlage für die ödipale Struktur unserer Psyche und somit für den Respekt vor den Unterschieden zwischen den Generationen. Die Abhängigkeit von unseren Objekten hat eine innere, zeitliche Dimension: Sie verlangt von uns, nicht nur die Unabhängigkeit des Objekts und demzufolge seine gegenwärtige Abwesenheit, sondern auch die unabhängige Existenz des Objekts vor unserer Geburt (das heißt, unsere frühere Abwesenheit) zuzulassen.

Wenn alles gut geht, wird die Tatsache der »Zeit vor mir« mit der Erfahrung des »Wie-ich-jetzt-Bin« zu einer stabilen, im Körper verankerten Repräsentation des Selbst integriert. In seinem Leben die zeitliche Dimension zu akzeptieren erfordert nicht nur die Akzeptanz von Veränderung, sondern auch von Kontinuität, das heißt, die Akzeptanz dessen, was sich auch mit dem Fortschreiten der Zeit nicht ändern lässt (Boris, 1987, 1994). Die Vorstellung, die wir von unserem Körper haben, bleibt trotz der unvermeidlichen körperlichen Veränderungen, die der Körper im Laufe der Zeit erfährt, ein wesentlicher stabilisierender Faktor. Er beruht auf der Integration seiner Verbindung zur Entwicklungsgeschichte und der höchst individuellen Ausgestaltung des Körpers, wodurch auch dessen Trennung von den Primärobjekten gekennzeichnet ist. Deshalb müssen nicht nur die Veränderungen bewältigt werden, die die Repräsentation des Körpers betreffen, zum Beispiel die Veränderungen, die durch die Pubertät, das Älterwerden oder durch eine geschlechtsangleichende Operation ausgelöst werden. Wir müssen auch psychisch mit der Bedeutung der Kontinuität des vorgegebenen Körpers und der Objekte umgehen, die uns unweigerlich mit ihm verbinden. Diese Kontinuität hat Vorrang vor allen tatsächlichen Veränderungen, die der Körper im Laufe der Zeit erfahren kann, denn die Kontinuität, von der ich hier spreche, bezieht sich auf die Verbindung des Körpers mit der Vergangenheit und seiner Entwicklungsgeschichte. *Wie* diese Verbindung dann psychisch gelingt, ist eine andere Frage. Denn die Veränderung des Körpers kann für manche Menschen die einzige oder sogar bessere Art zu leben sein kann, aber das Bewusstsein für die psychische Funktion der Körpermodifikation ist ein wesentlicher Bestandteil einer hinreichend guten Anpassung.

Eine umfassende Modifikation des Körpers kann sich *möglicherweise* auf die zeitliche Verbindung auswirken, die ein wichtiges Merkmal unserer Identität darstellt, da sie die Kontinuität zwischen den verschiedenen Repräsentationen des Selbst im Laufe der Zeit gewährleistet (Lemma, 2016). Dies gilt nicht nur für Transgender-Personen, sondern immer auch dann, wenn der Körper eine wesentliche Veränderung erfährt. Die Entwicklung eines Identitätsgefühls, wie sie von Grinberg und Grinberg (1981) beschrieben wird, resultiert aus einem kontinuierlichen Integrationsprozess auf drei Ebenen, der räumlichen, zeitlichen und sozialen Integration. Bei der Anpassung nach einer Operation macht das Ausmaß, in dem die zeitliche Verbindung zwischen dem früheren Körper und dem Körper, der nach der Modifikation seinen Platz einnimmt, aufrechterhalten werden kann, einen wesentlichen Unterschied.

Eine erfolgreiche postoperative Anpassung hängt meiner Erfahrung nach mit der Fähigkeit des Einzelnen zusammen, sich auf seinen »neu« bearbeiteten Körper zu beziehen, der *immer* auch ein rekonstruierter Körper mit einer Geschichte ist. Bei »Bearbeitung« denke ich sowohl an das »Herausschneiden« als auch an das »Hinzufügen«, um einem Körper eine neue Form zu geben.

Geschlechtsangleichende Operationen und andere medizinische Eingriffe bringen zweifellos einigen Transgender-Personen Erleichterung und verbessern ihre Lebensqualität, aber die verkörperte Geschichte und die Erfahrung des Verlustes hinterlassen Spuren in der Psyche. Dies ist der Bereich, der schmerzhafte psychische Arbeit erfordert (Quinodoz, 1998, 2002). Wir können Brüste hinzufügen, wo früher keine waren, wir können einen Penis wegnehmen, wo früher einer war, aber es ist unmöglich, die ursprünglichen Genitalien des anderen biologischen Geschlechts zu bekommen. Die erworbenen Genitalien und somit der »neue« Körper enthalten immer Spuren eines Körpers, der einmal vorhanden war. Dies hat nichts damit zu tun, ob das Bemühen um einen anderen Körper gesund ist oder nicht, ob es »richtig« oder »falsch« ist. Es geht darum zu erkennen, wie wir uns zu dem vorgegebenen Körper verhalten und was er für uns unbewusst bedeutet.

Wegweiser

Um die gesamte Bandbreite der Bedeutung und Funktion zu verstehen, die unter dem Begriff Transgeschlechtlichkeit als Bezugsrahmen für Identität subsumiert wird, ist es notwendig, nicht nur in Begriffen gesellschaftlicher Geschlechtszuschreibungen zu denken, sondern auch in Begriffen der subjektiven Erfahrung des Embodiment, der unbewussten Identifikationen des Körpers und somit der psychischen Funktion der körperlichen Modifikationen. Körper und Psyche sind – wie Gaddini es treffend formulierte – eine untrennbare Einheit:

> »Für die Psychoanalyse bilden Körper und Psyche ein funktionales Kontinuum, dessen Hauptelement ein Differenzierungsprozess ist, der vom Körper zur Psyche führt, durch den die Psychoanalyse aber über die Psyche letztlich im Körper ankommen kann.« (Gaddini, 1987, S. 315)

»Das Ankommen im Körper« ist ein zentrales Anliegen bei der Arbeit mit Transgender-Personen, aber wir müssen uns dabei auch vor Augen halten, dass ein Embodiment immer ein heikler Prozess ist und sich weiterentwickelt.

Die Arbeit in diesem Bereich stellt den Therapeuten – nicht zuletzt in Bezug auf die Gegenübertragung – vor viele Herausforderungen. Modifikationen des Körpers, besonders wenn sie irreversibel sind oder in jungen Jahren angestrebt werden, können den Therapeuten emotional beunruhigen. Bei meiner klinischen Arbeit bemerkte ich immer wieder den Druck, »handeln« zu müssen, den die Patienten spüren, da sie meinen, sie müssten ihren Körper verändern, um sich besser zu fühlen. Ihre Verzweiflung ist erschütternd und die Patienten können sogar wirklich selbstmordgefährdet sein. Dieser emotionale Druck wiederum kann den Therapeuten dazu verleiten, unbewusste Bedeutungen vorschnell zu deuten (und somit auch zu »agieren«), um zu versuchen, angesichts des beschleunigten, manchmal recht manischen Prozesses der Suche nach medizinischer Intervention »auf Pause zu drücken«. Das Ergebnis ist: Die Patienten haben das Gefühl, der Therapeut glaube nicht, was sie mit ihrem Körper erleben, und unterstütze sie nicht bei dem, was sie glauben, tun zu müssen, um sich besser zu fühlen.

Bei einigen Patienten muss der Therapeut mit seiner Ansicht ringen, dass es nicht zum Wohl des Patienten ist, irgendeine Art von medizinischer Behandlung zu beginnen. Gleichzeitig muss er anerkennen, dass dies vielleicht genau das Gegenteil von dem ist, was der Patient selbst in dieser Sache denkt. Wie wir im nächsten Kapitel sehen werden, ist dies bei der Arbeit mit Kindern und Heranwachsenden besonders schwierig. Es gibt keine zuverlässige Antwort auf diese Herausforderung. Angesichts einer derartigen Meinungsverschiedenheit innerhalb der therapeutischen Beziehung stellte ich fest: Ich muss meine Interventionen eindeutig markieren, um dem Patienten zu vermitteln, dass ich zwar eine bestimmte Sichtweise auf die Situation des Patienten habe, dies aber nicht bedeutet, dass sie mehr zählt oder ich das letzte Wort in dieser Sache habe.

Die Integrität der Position, die ich hier vertrete, und damit die Bewältigung der eigenen Gegenübertragung wird durch die Erfahrung in der Arbeit mit einer angemessenen Anzahl von Transgender-Patienten erleichtert, sodass das Bedeutungsspektrum einer Transgender-Identifikation und ihre langfristigen Folgen erkannt werden können. Es ist, wie bereits in diesem Buch angedeutet, ein Irrtum, anzunehmen, dass es eine homogene Gruppe von Transgender-Personen gibt, auf die wir eine einzige Theorie anwenden können.

Deshalb ist es für den Therapeuten hilfreich – ich würde sogar sagen, unerlässlich –, wenn er auch mit Personen gearbeitet hat, die eine Transition hinter sich haben und sich nach der Operation hinreichend gut angepasst haben. Dieser erweiterte Blickwinkel hilft dem Therapeuten, mit einer möglichen Voreingenommenheit umzugehen, die darin besteht, dass er jede Art von Transition als Zeichen einer »Pathologie« betrachtet und niemals glaubt, sie könne zu einer besseren Anpassung führen. Erfahrung trägt zu einem größeren Selbstvertrauen bei, sich auf die eigene Gegenübertragung zu verlassen, wenn man mit der Intensität der Gefühle konfrontiert wird, die bei dieser Arbeit aufkommen.

Durch meine Arbeit in diesem Bereich kam ich zu der Ansicht: Es ist wichtig, sich mit der psychologischen und physischen Realität auseinanderzusetzen, dass eine geburtsgeschlechtliche Frau oder ein geburtsgeschlechtlicher Mann sich von einem/einer Transgender-Mann/Transgender-Frau unterscheidet, der/die sich einer medizinischen Transition unterzogen hat. Mit »unterscheiden« meine ich, dass sie sich in einem rein *deskriptiven, nicht-normativen Sinne* unterscheiden. Der Tansgender-Mann/die Transgender-Frau verdient daher nicht weniger Respekt und gleiche Rechte wie ein Cisgender-Mann/eine Cisgender-Frau. Der Unterschied liegt in der Erfahrung eines chirurgisch veränderten Körpers, der auf einen früheren Körper folgt – was nie ohne psychische Bedeutung oder Konsequenz ist –, und in der Art und Weise, wie diese Erfahrung bewusst und unbewusst psychisch repräsentiert wird. Die Erfahrung einer Transition, des Lebens im ursprünglichen Körper mit seiner besonderen Ausprägung der Genitalien und anschließend des Lebens in einem rekonstruierten Körper mit veränderten Genitalien, trägt zu unterschiedlichen Erfahrungen bei. Sie betreffen die Erregung, das Begehren und unbewusste Fantasien sowie unterschiedliche Repräsentationen des Körpers in der Psyche. Dies prägt im Laufe der Zeit die Geschichte eines Individuums, die den Körper kennzeichnet und als Narrativ des Selbst in der Psyche existiert. Diese Reise ist ein wesentlicher Bestandteil dessen, was es heißt, ein/eine *Trans*gender-Mann/*Trans*gender-Frau zu sein: Sie kann nicht ausgeblendet werden, da sie sowohl für das Selbst als auch für die Beziehung zu Anderen Konsequenzen hat. Die meisten Transgender-Patienten, mit denen ich zusammenarbeite, anerkennen dies ohne Weiteres. Die deskriptive Feststellung, dass zum Beispiel ein geburtsgeschlechtlicher Mann sich von einem Transgender-Mann unterscheidet, bedeutet nicht, dass er mehr oder weniger psychopathologisch oder mehr oder weniger wertvoll ist. Mein Standpunkt entkräftet nicht die Erfahrung der Transgender-Personen, was es für sie bedeutet, eine Frau/ein Mann zu sein, oder deren dementsprechenden Rechte. Es ist ein wichtiges, aber gesondertes Thema, dass so ein Unterschied von einigen Menschen in unfairer Weise missbraucht werden kann, um Transgender-Frauen/Transgender-Männer zu diskriminieren.

Dieses Thema muss dringend diskutiert werden, was aber nicht mein Anliegen in diesem Buch ist, stattdessen liegt mein Fokus auf den Erfahrungen der einzelnen Patienten in Bezug auf ihre Identität und ihren Körper.

Kapitel 4

Identitäten im Über-Gang?

Die Entwicklung, das Geschlecht und die Identität von Heranwachsenden

Bei meiner Vorgehensweise in den vorangegangenen Kapiteln legte ich großen Wert darauf, mit Transgeschlechtlichkeit ein Phänomen zu beschreiben, das eine Reihe von Lebenserfahrungen umfasst. Wie wir gesehen haben, ist dies ein Hinweis darauf, dass es wahrscheinlich unterschiedliche Entwicklungen und/oder biologische Vorgänge gibt, die zu einer Transgender-Identifikation führen. Besteht also keine einheitliche Erfahrung oder Entwicklung, muss unsere Reaktion auf Transgender-Personen höchst individuelle Formulierungen und Interventionen zulassen. Die Komplexität, auf die wir bei dieser Arbeit stoßen, wird am deutlichsten, wenn wir uns mit unter 18-Jährigen befassen, die sich eine medizinische Intervention wünschen und für die das Transgender-Sein während oder kurz nach der Pubertät zu einem Strukturmerkmal ihrer Identität wird, ohne dass es in ihrem bisherigen Leben eine durchgängige Geschichte von geschlechtsspezifischen Konflikten an sich gibt.

In unseren Praxen treffen wir immer häufiger auf junge Menschen, die hinsichtlich ihrer sexuellen und geschlechtlichen Identität sehr verwirrt sind und denen es schwerfällt, Beziehungen zu einem der beiden Geschlechter aufrechtzuerhalten. Sie sind oft verzweifelt und erwecken den Eindruck, sie könnten ihren seelischen Schmerz dadurch bewältigen, dass sie sich als »Transgender« identifizieren. Bei einigen führt dies schließlich zu einer vollständigen Transition.

Eine zunehmende Zahl junger Menschen beabsichtigt jedoch keine vollständige Transition, zeigt aber dennoch Interesse an einer Veränderung ihres Körpers durch begrenzte medizinische Eingriffe. Möglicherweise wollen sie nur eine Hormontherapie durchführen lassen oder, wenn es sich um geburtsgeschlechtliche Mädchen handelt, wünschen sie sich eine Operation ihrer Brüste, aber keine Phalloplastie und keine Einnahme von Testosteron. In dieser Hinsicht erinnern sie eher an junge Menschen, die sich einer Schönheitsoperation unterziehen wollen und bei denen die Ärzte sehr genau die Beweggründe für die Modifikation des Körpers erkunden.

Die Subkategorie der Transgender-Jugendlichen, die ich klinisch behandle und auf die ich mich in diesem Kapitel konzentriere, erfasst die Erfahrung von Personen, die scheinbar »psychische Operationen« durchführen lassen. Sie nehmen mehr oder weniger dauerhafte Veränderungen ihres Körpers vor oder machen sich Fantasien über seine Veränderung und schaffen sich dann eine Identität, die sich auf prekäre Weise im »Über-Gang« befindet. Ich behaupte nicht, dies sei bei allen Transgender-Personen der Fall, aber es ist wichtig, über die Funktion nachzudenken, die eine Transgender-Identität besonders für einige junge Menschen erfüllen kann.

Die Krise der Pubertät: hier und jetzt, aber was ist mit morgen?

Die Phase der Adoleszenz wurde von mehreren Autoren als Identitätskrise beschrieben (Blos, 1967; Erikson, 1966 [1968]; Briggs, 2002). Dies erfordert eine gewisse Erläuterung: Der psychische Prozess der Adoleszenz setzt in der Regel eine den Heranwachsenden verunsichernde innere Rückschau der persönlichen, im Körper verwurzelten Identität in Gang. Heutzutage findet diese innere Rückschau zu einem Zeitpunkt in der Geschichte des Heranwachsenden statt, der einen ganz besonderen äußeren Kontext für die Art und Weise bietet, wie Identität erarbeitet und ausgehandelt wird. Die Tatsache, dass die medizinische Veränderung des vorgegebenen Körpers zum Normalfall wurde, stellt einen wichtigen Faktor dar, der diesem Zeitabschnitt im Hinblick auf die Beziehung zwischen Körper und Identität eine besondere Bedeutung beimisst. Wir müssen nur einen Blick auf die Statistiken über die Inanspruchnahme von Schönheitsoperationen bei unter 18-Jährigen werfen. Ich behaupte nicht, dass dies immer eine »schlechte« Sache ist. Die heiklen und komplizierten Prozesse, die die Entwicklung eines sicheren, im Körper verwurzelten Selbstbewusstseins unterstützen, und die Fähigkeit, über Erfahrungen zu reflektieren, anstatt sie mithilfe des Körpers und durch den Körper zu inszenieren, können allerdings durch die ständige Betonung einer Transformation, einer Veränderung und eines Triumphes über den Körper in den Vordergrund gerückt werden, die heute durch eine Reihe technischer Eingriffe möglich sind (Lemma, 2017). Meiner Meinung nach verursachen diese äußeren Entwicklungen nicht per se neue Formen der Psychopathologie, aber sie können sich negativ auf die Fähigkeit der Jugendlichen auswirken, die Realität des Körpers – und insbesondere des sexuellen Körpers – in die Selbstpräsentation zu integrieren. Es lässt sich nicht vermeiden, dass einige junge Menschen hierfür anfälliger sind als andere, die möglicherweise nicht in nennenswerter Weise betroffen sind.

In ihrer detaillierten Arbeit über Adoleszenz bezeichneten Moses Laufer und Egle Laufer (1984) die Notwendigkeit, die Beziehung zum eigenen Körper zu verändern, als zentrale Aufgabe der adoleszenten Entwicklung. Das Ergebnis bestimmt ihrer Meinung nach die endgültige sexuelle Identität, auf der das Gefühl für das Selbst beruht. Die Anforderungen, die dieser entwicklungsbedingte Übergang mit sich bringt, können jedoch für einige junge Menschen einfach zu viel (Laufer & Laufer, 1984; Bronstein, 2009; Flanders,

2009), ja sogar »katastrophal« sein (Bion, 2006 [1970]). Dies trifft umso mehr zu, wenn die Qualität der frühen Beziehungen zu einem zerbrechlichen, mit unzureichender Objektbesetzung versehenen körperlichen Selbst oder zu einer verfestigten Spaltung beigetragen hat, sodass Körperteile möglicherweise mit schlechten, furchterregenden Objekten identifiziert wurden.

Sowohl die subjektive Erfahrung des Geschlechts und als auch der Prozess des Heranwachsens sind durch Inkonstanz und Unsicherheit gekennzeichnet. Die Adoleszenz ist eine Entwicklungsphase, in der der Jugendliche davon überzeugt ist, dass hier und jetzt alles möglich ist – ein Hinweis auf das Wirken eines psychischen Zustands der Omnipotenz. Dieser Zustand liest sich in der Tat wie eine Checkliste für narzisstische Pathologie, aber – wie Waddell (2006) hervorhebt – die Inkonstanz und die damit einhergehende Experimentierfreudigkeit mahnen uns, diese Art von Narzissmus und die damit einhergehende Omnipotenz etwas anders zu betrachten.

Pumpian-Mindlins Konzept der *Omnipotenzialität* erfasst den Gefallen Heranwachsender an einer »Kultur des Experimentierens« (Waddell, 2006) – einem Strukturmerkmal der Adoleszenz – sehr gut. Bei der Omnipotenzialität geht es um das entwicklungsgemäße Experimentieren, indem die eigenen Möglichkeiten und die mentalen sowie körperlichen Grenzen erweitert werden: Es handelt sich um ein »Ausreizen« verschiedener Varianten des eigenen Selbst, das häufig nach der Pubertät zu beobachten ist. Das vorrangige Gefühl des Heranwachsenden, seine Möglichkeiten auszureizen, ist nur eine Seite der Medaille, die die pubertäre Entwicklung kennzeichnet: Das omnipotente Greifen nach allen möglichen Identitäten wird möglicherweise ebenso schnell wieder verworfen und durch eine andere Variante ersetzt, die besser zu passen scheint.

Die Geschwindigkeit, mit der sich Jugendliche mit einem Geschlecht identifizieren und die Identifizierung wieder aufgeben, zeigt sich in den manchmal verwirrten und verwirrenden Gesprächen, die wir mit jungen Transgender-Personen führen. Die *Rigidität* der psychischen Position, die ich bei einigen meiner Patienten beobachtet habe, die sich schon in jungen Jahren für einen medizinischen Eingriff *entschieden* haben, unterscheidet sich von der »normalen« jugendlichen Omnipotenz.

Pumpian-Mindlin unterstrich die Bedeutung des Experimentierens, *ohne sich dauerhaft auf eine Option festzulegen.* Wird dieses Experimentieren aufgrund dauerhafter körperlicher Veränderungen zu früh beendet, kann dies die notwendige Erkundung verhindern und den jungen Menschen unwissentlich unter Druck setzen, sich festzulegen, bevor er ein paar weitere Varianten dessen, was er zu sein glaubt oder sein möchte, ausprobieren kann. In dieser Hinsicht können die Medikalisierung von Geschlechtsidentitätsproblemen und der relativ einfache Zugang zu medizinischen Optionen den Interessen einiger junger Menschen entgegenstehen.

Bei meiner Arbeit mit Transgender-Jugendlichen, von denen ich einige über viele Jahre hinweg begleiten durfte, wurde mir bewusst, dass die medizinische Transition für einige von ihnen zu einer stabilen Anpassung führen kann. Im Gegensatz hierzu gibt es heutzutage eine größere Gruppe Heranwachsender, die sich selbst inbrünstig als Transgender bezeichnet, bei der sich im Laufe der therapeutischen Arbeit jedoch herausstellt, dass die Erfahrung der Pubertät und der Sexualität zutiefst destabilisierend, ja sogar traumatisch war. Dies ist von zentraler Bedeutung, wenn wir verstehen wollen, warum sich die Jugendlichen einer Veränderung ihres Körpers zugewandt haben: um eine Illusion körperlicher Omnipotenz zu erwecken oder um die Sexualität ihres Körpers und die Ausrichtung ihres sexuellen Verlangens zu verleugnen. In diesen Fällen wird der Konflikt, der durch die Pubertät ausgelöst wurde, möglicherweise durch eine heikle Transgender-Identifikation bewältigt, einen unerschütterlichen, omnipotenten Glauben: »Ich kann diesen Körper kontrollieren und mit ihm machen, was ich will.«

Wenn ich meinen jungen Transgender-Patienten zuhöre, fällt mir immer wieder auf, dass »ein Mann/eine Frau zu sein« oder »ein Mann/eine Frau sein zu wollen« sich nicht auf eine einfache, gleichbleibende Begründung oder einen konstanten Wunsch reduzieren lässt. Die Herausforderung, der sich der junge Mensch und der Therapeut stellen müssen, besteht darin, Mehrdeutigkeit zu tolerieren und zu akzeptieren, dass Jugendliche Narrative bezüglich ihrer Identität verwerfen und rekonstruieren; dies werde ich im Folgenden anhand meiner einmal wöchentlich stattfindenden Arbeit mit Jane veranschaulichen.

Janes Fall

Jane wurde einen Tag, bevor sie zum ersten Mal zu mir kam, gerade 17 Jahre alt. Ich arbeitete mit ihr fünf Jahre lang einmal wöchentlich im *Vis-à-vis-Setting*. Sie kam zu mir, da ihre Eltern besorgt waren, nachdem sie ihr zuvor langes Haar kurz geschnitten und ihnen gesagt hatte, sie wolle ein Junge sein. Bei unserem ersten Gespräch erzählte sie mir, sie hätte dies noch nie zuvor jemandem gesagt oder auch nur bewusst daran gedacht.

Und doch war sie sich jetzt darüber im Klaren: Sie war eine Transgender-Jugendliche und die Tatsache, »im falschen Körper geboren worden zu sein«, bot eine überzeugende Erklärung für ihr langjähriges Unglücklichsein und ihre Schwierigkeiten, eine sexuelle Beziehung zu Jungen aufzubauen. Ungefähr zu dieser Zeit eröffnete ihr eine Schulfreundin, die für sie schwärmte, sie würde sich zu ihr hingezogen fühlen. Jane erwiderte ihre Gefühle nicht; trotzdem erzählte sie mir, sie würde gerne eine homosexuelle Beziehung erkunden, sie würde die Beziehung allerdings jetzt nicht als solche ansehen, denn es war ihr »wirkliches jugendlich-männliches« Selbst, das an dem Gedanken Gefallen fand, Sex mit einem Mädchen zu haben, und folglich ging es nicht um »sie als lesbisches Mädchen«.

Bei meinem ersten Zusammentreffen mit Jane hatte ich den Eindruck, dass sie nicht genau wusste, wer sie war. Da sich jetzt die Idee, eine Transgender-Jugendliche zu sein, in ihrem Kopf festgesetzt hatte, suchte sie im Internet verzweifelt nach Informationen über die Möglichkeit, eine Transition durchzuführen. Ihre bisherige Ungewissheit wich der Gewissheit einer Identität, die jetzt benannt und von Anderen anerkannt werden konnte. Dies brachte ihr offensichtlich Trost und Erleichterung: Sie hatte jetzt das Gefühl einer Perspektive für ihre Zukunft, während sie sich zuvor verloren und allein gefühlt hatte. Begeistert erzählte sie mir von den Selbsthilfegruppen für Transgender-Personen, mit denen sie jetzt in Verbindung stand. Es war klar, dass sie sich mehr mit Menschen verbunden fühlte, die ihr das Gefühl gaben, sie würden sie sehen (wie sie ist) und verstehen.

Im Alltag trug Jane androgyne Kleidung und ihre Haare hielt sie mustergültig kurz. Sie hatte ihr gesamtes Make-up weggeworfen, ihr früheres »mädchenhaftes« Selbst abgewertet und Stunden damit verbracht, YouTube-Videos ihrer favorisierten männlichen YouTuber zu studieren; sie wollte deren Eigenheiten »lernen«, die sie dann nachzuahmen versuchte. Jane stellte sich in ihrem Schlafzimmer vor den Spiegel und übte. Manchmal endeten diese »Übungen« in Tränen, da sie glaubte, sie könne damit niemand überzeugen. Manchmal genoss sie es, auf der Straße für einen Jungen gehalten zu werden, ihre Vorstellung wurde dann allerdings vom Klang ihrer weiblichen Stimme zerstört, die ihrer Umwelt ihr bei der Geburt zugewiesenes Geschlecht verriet.

Bei Online-Spielen war ihr Avatar nun männlich. Jane fühlte sich online am glücklichsten, da sie dort der Junge sein konnte, der sie zu sein glaubte. Ihre neue männliche Online-Persona (Jake) konnte »online durchatmen« – wie sie es ausdrückte – und folglich verbrachte sie ihre gesamte Zeit im Cyberspace, nicht zuletzt, weil ihre Eltern sie unter erheblichen Druck setzten, »zur Vernunft zu kommen« und sich stattdessen auf ihre anstehenden Prüfungen zu konzentrieren.

Der Aufenthalt im virtuellen Raum und der Kontakt mit Anderen über das technische Medium war für Jane ein sicherer Rückzugsort vor dem Druck der Realität, aber es war auch ein Raum, in dem sie sehr hart daran arbeitete, herauszufinden, wer sie war. Sie »spielte mit der Realität«, um die Grenzen ihrer Identität abzustecken, indem sie eine verkörperte Form fand, die ihren Mangel kompensieren konnte.

Jane war ein Einzelkind; ihre Mutter hatte sie zur Welt gebracht, als sie selbst noch ein Teenager war, und nach der Geburt zur Adoption freigegeben. Als Baby wurde Jane von einer wohlhabenden, in vielerlei Hinsicht stabilen Familie adoptiert, aber beide Eltern schienen – was ihre Lebensauffassung betrifft – eher konservativ. Als Jane ihnen mitteilte, sie sei transgender, war dies für sie ein Schock, und sie fühlten sich nicht in der Lage, mit dieser Situation umzugehen. Ihre Adoptivmutter wurde als »freundlich, aber schwach« beschrieben, ihr beruflich sehr erfolgreicher Adoptivvater als »konventionell und ernsthaft«. Jane erzählte mir, dass ihre Adoptivmutter mehr Kinder wollte, ihr Vater aber wegen seiner beruflichen Verpflichtungen nicht zugestimmt hatte.

Ich berichte von der dritten Sitzung.

> Ich fragte Jane nach ihren leiblichen Eltern, da sie sie bisher mit keinem Wort erwähnt hatte. Sie antwortete, sie habe kein Interesse an ihnen und sie glaube auch nicht, dass ihre Schwierigkeiten mit ihrer Adoption zusammenhingen.
>
> Ich sagte ihr, sie bringe ihren Wunsch sehr deutlich zum Ausdruck, dass ich ihr Gefühl, ein Junge zu sein, nicht mit irgendeiner standardisierten Deutung über Adoption abtue.
>
> Jane schien erleichtert, als ich dies sagte, und fügte hinzu, ihr ganzes Leben lang habe sie das Gefühl gehabt, dass ihre Probleme auf ihre Adoption zurückgeführt worden seien. Sie ergänzte, ihr sei klar, dass

ihre Adoption nichts damit zu tun habe, und betonte, dass sie nie neugierig auf ihre leiblichen Eltern gewesen sei. Man hatte ihr gesagt, dass ihre leibliche Mutter »Schwierigkeiten« hatte und sich nicht um sie kümmern konnte. Über ihren leiblichen Vater wusste sie nichts, außer seiner Nationalität und dass er ihre Mutter nicht unterstützt hatte, als sie schwanger wurde.

Jane schwieg, dann sagte sie, ihre Adoptivmutter habe ein Buch gekauft, das ich geschrieben hatte – »wahrscheinlich wollte meine Adoptivmutter Sie überprüfen«, fügte sie unverblümt hinzu –, und als sie es in die Hand nahm, habe sie bemerkt, dass ich in den Anmerkungen einen männlichen Namen erwähnt hatte, von dem sie annahm, er sei der meines Sohnes. Sie war sich ziemlich sicher, dass ich einen Sohn haben musste, und sie stellte sich sogar vor, ich hätte nicht nur einen Sohn. Ich war erstaunt über die Gewissheit, mit der sie ihre Vermutungen äußerte, als ob in meinem Kopf, und in ihrem, kein Platz für ein Mädchen wäre. Ich antwortete, dass auch sie vielleicht versuche, mich zu »überprüfen« und herauszufinden, ob ich Jungen oder Mädchen bevorzuge.

»Nun, mögen Sie lieber Jungen oder Mädchen?«, fragte sie dann provokativ.

Ich antwortete ihr, dass sie sich anscheinend sehr damit beschäftige, was ich über Jungen und Mädchen denke, wen ich wohl bevorzugte und was ich von ihrem Entschluss halte, ein Junge zu werden.

»Ich habe nicht beschlossen, ein Junge zu werden. Ich werde zu dem, der ich schon immer hätte sein sollen. Das ist etwas ganz anderes«, fügte sie verärgert hinzu.

Ich stimmte Jane zu und sagte, es gebe einen Unterschied, aber ich hätte es so ausgedrückt, weil ich sie, ob zu Recht oder zu Unrecht, so verstanden hätte, dass sie vor einigen Monaten »beschlossen« habe, ein Junge zu sein, obwohl sie sich nie zuvor Gedanken über ihre Geschlechtsidentität gemacht habe. Ich hätte auch gehört, dass sie darüber verärgert war, und sagte, dass ich hoffe, sie könne mir helfen, ihren Standpunkt besser zu verstehen, da sie den Eindruck hatte, ich hätte sie missverstanden.

Jane sagte, sie hätte ihren Körper schon immer gehasst und hätte Jahre daran verloren, sich für hässlich zu halten (und dies sei der Grund, warum die Jungs sich nicht für sie interessierten), anstatt zu begreifen, dass sie einfach den falschen Körper habe. Sie sagte, sie habe nie jemandem vom Hass auf ihren Körper erzählt, da sie nicht glaubte, man würde sie dann ernst nehmen. Sie fügte hinzu, dass sie sich online oder beim Spielen als männlicher Avatar – Jake – endlich in ihrem Körper wohlfühle.

Ich sagte, sie sei besorgt, dass ich sie nicht ernst nehmen würde.

Sie sagte, sie komme nur zu mir, weil ihre Eltern ihr nicht erlaubten, Hormone zu nehmen, ohne dass sie mich aufsuchen würde.[11] Sie erwarte nicht, dass ich sie verstehen würde. Aber sie musste sich an die Regeln halten.

Ich sagte zu ihr, wenn sie schon das Gefühl habe, sie sei verpflichtet, zu mir kommen, könnten wir wenigstens die gemeinsame Zeit nutzen, um ihre Gefühle zu verstehen und ihr zu helfen, diese schwierige Zeit in ihrem Leben zu überstehen. Jane nickte.

Ich bat sie dann, mir etwas genauer zu beschreiben, wie es ihr als Jake bei ihren Online-Spielen ging, da ich den Eindruck habe, sie sei lebendig geworden, als sie sich an ihr Online-Leben erinnerte.

Jane entspannte sich sichtlich und erzählte mir, dass sie, wenn sie als Jake online war, sich frei fühlte, als ob sie dann Dinge tun und sagen könnte, die sie in ihrem realen weiblichen Körper nicht tun konnte. Sie sagte, sie sei so, wie sie in ihrer Vorstellung immer hätte sein sollen. Sie betonte besonders, wie sehr sie das Gefühl genoss, als Jake zu laufen, denn »seine Beine sind stark und es sieht so aus, als könne er gehen, wohin er will«. Sie genoss das Gefühl der Stärke in ihrem Körper und während sie online war, hatte sie manchmal das Gefühl, dass ihr »tat-

11 Da ich Jane privat und nicht im Rahmen einer Beratungsstelle für Geschlechtsidentität betreut habe, war meine Meinung völlig unabhängig von Janes Möglichkeit, medizinische Maßnahmen in Anspruch zu nehmen. Ich war an keiner Entscheidungsfindung auf Dienstebene beteiligt und wurde auch nicht um einen Bericht gebeten.

sächlicher Körper substanzieller ist«. Manchmal hielt dieses Gefühl auch an, nachdem sie sich abgemeldet hatte, und dies spornte sie an, auszugehen und mit anderen zusammen zu sein.

Ich machte folgende Beobachtung: Ihr männlicher Avatar Jake gab ihr das Gefühl, stark zu sein, und half ihr, einer Stelle in ihrem Körper und ihrer Psyche zu entfliehen, an der sie sich sehr unwohl und unglücklich fühlte. Ich fügte hinzu, dass es ihr anscheinend wichtig sei, sich »substanziell« zu fühlen, und dass sie sich so fühlte, wenn sie sich durch Jake ausdrückte und als dieser mit Anderen in Beziehung trat.

Jane sagte, sie habe sich immer unglücklich gefühlt, aber nie verstanden, warum es ihr so schlecht ging. Sie sagte mir, dass – wenn sie mit Anderen als Jake in Kontakt trat oder online in ihre männliche Rolle schlüpfte – Andere sie respektierten, sie ernst nahmen und sie als starke Person betrachteten, mit der »man sich nicht anlegen wollte«.

Ich sagte ihr, ich hätte den Eindruck, sie würde sich als Junge attraktiver, selbstbewusster und vor Angriffen anderer sicherer fühlen... substanzieller...

Sie sagte, sie könne jetzt überhaupt nicht verstehen, wie sie es geschafft habe, so lange so »mädchenhaft« zu sein.

Ich fragte sie, was für sie »mädchenhaft« bedeute.

In ihrer Antwort zeichnete Jane das äußerst karikierte Bild einer »Prinzessin«: fixiert auf hübsche Bilder, versessen auf Make-up und Jungs... und »ohne Verstand«.

Ich stellte fest, dass sie das Bild einer substanzlosen Prinzessin aus Pappe entwarf.

Jane antwortete sehr aufgeregt: »Ganz genau! In diesem Bild war ich gefangen. Deshalb ist es so befreiend, meine Haare abzuschneiden, meine Kleidung zu wechseln und durchzuatmen! Jetzt spüre ich, dass ich jemand bin. Also... ich meine, ich bin wirklich ich.«

Ich sagte, sie fühlte sich anscheinend ziemlich gefangen, fragte mich aber, ob sie sich in einem Körper mit dem falschen biologischen Geschlecht gefangen fühlte oder in einer Erfahrung von sich selbst, die ohne jegliche Substanz war... von jemand, der keinen Eindruck auf andere machte.

Jane hielt kurz inne und sagte dann, dass ihr Vater sehr an geschlechtsspezifischen Rollen festhielt und ihre Mutter die meiste Zeit ihres Lebens in der Rolle der »Hostess« stecken geblieben war. Ihre Mutter war sehr damit beschäftigt, was andere Menschen dachten und welches Erscheinungsbild die Dinge abgaben, aber in Wirklichkeit, dachte Jane, sei ihre Mutter jemand, der keinen großen Eindruck auf andere Menschen machte: »All diese hübschen Kleider, all die schönen aufgeschüttelten Kissen, aber ich bin mir nicht sicher, ob irgendjemand wirklich glaubt, dass sie Verstand hat… Aber das hat nichts mit meinem Leben zu tun«, fügte sie hinzu, »ich weiß, dass ich trans bin, ein Junge, und daran muss ich arbeiten.«

Ich kommentierte ihre Aussagen und sagte, sie habe es uns beiden kaum ermöglicht, von der Schiene »ich bin trans und muss Hormone nehmen« abzuweichen und allgemeiner darüber nachzudenken, wie es sich anfühlt, in ihrem weiblichen Selbst und Körper zu sein, denn immer wieder kehrte sie zu der Gewissheit zurück, »wirklich ein Junge zu sein«.

Und so ging es eine ganze Weile weiter: Der Wut auf mich, weil ich ihrer Meinung nach versuchte, sie dazu zu bringen, über etwas anderes nachzudenken als über ihren Wunsch, eine Transition durchführen zu lassen, folgten kurze Momente, in denen sie andere Gefühle und Gedanken erörtern und erkunden konnte. Ich spürte, dass Jane eine Begegnung mit mir wollte, dass unsere Gespräche – so unangenehm und belastend sie auch manchmal sein mochten – für sie auch einen Rettungsanker darstellten. Ein wichtiger Durchbruch ereignete sich ein Jahr nach Beginn der Therapie, als Jane mir erzählte, dass in der Herkunftskultur ihrer leiblichen Mutter Jungen einen höheren Stellenwert einnehmen als Mädchen. Sie habe sich manchmal gefragt, ob ihre Mutter sie vielleicht behalten hätte, wenn sie als

Junge geboren worden wäre. Janes letztliche Neugier auf die Frage, warum ihre leibliche Mutter sie zur Adoption freigegeben hatte, half uns bei der Erkundung einiger ihrer Fantasien über ihre Adoption und des Zusammenhangs zu ihrer langjährigen Verwirrung über ihre Identität, ihre sogenannte »Substanz«.

Durch den Rückzug in die Gewissheit, im falschen Körper zu sein, war dies zu einer rigiden inneren Haltung geworden. Die Erfahrung, ein Junge zu sein, die sie in ihrem Online-Leben (und in geringerem Maße auch in ihrem Alltag durch ihr verändertes Aussehen) erforschte und erprobte, ermöglichte es Jane, sich in einem Körper zu verankern, der sich substanzieller anfühlte und von all den damit assoziierten Fantasien besetzt war, dass sie als Junge von ihrer leiblichen Mutter gewollt und ernst genommen worden wäre. Bei der therapeutischen Arbeit mit Jane musste ich einsehen: Sie empfand ihren vorgegebenen Mädchenkörper als Ursache für die Ablehnung durch ihre leibliche Mutter, sodass der gewünschte männliche Körper unbewusst als Absicherung der Liebe einer idealisierten Mutter erlebt wurde, die ihr schönes männliches Baby niemals aufgeben würde.

Im Laufe der Therapie verbrachte Jane weniger Zeit im Internet und stellte sich Anderen online als Jane vor. Ihr ehemals männlicher Avatar wurde zu einer großen, starken Frau mit Brüsten und athletischen Beinen. Jane kämpfte weiterhin mit der Vorstellung von ihrer tatsächlichen kleinen Gestalt. Durch die verkörperte Form ihres neuen weiblichen Avatars drückte sie das Bedürfnis nach einem kräftigen Körper aus, der ihr ein starkes Fundament und die Stabilität geben sollte, die sie ihrer Meinung nach brauchte, um in der Welt sie selbst zu sein. Ein Teil dieses Prozesses bestand letztendlich darin, ihre leibliche Mutter ausfindig zu machen. Im letzten Jahr unserer Arbeit – Jane war inzwischen einundzwanzig – begann sie eine Beziehung mit einem Mädchen, aber es war klar, dass sie sich auch zu Jungen hingezogen fühlte. Sie definierte sich selbst als bisexuell.

Als wir unsere gemeinsame Arbeit beendeten, hatte Jane weder eine Hormontherapie noch irgendeine Art von körperlicher Veränderung vorgenommen. Sie verschwendete keine Gedanken mehr darauf, etwas im Hinblick auf eine Transition zu unternehmen. Ich beschreibe einen Prozess und deute ihn nicht als erfolgreiches Ergebnis einer Therapie, da es meines Erachtens kein vorgegebenes Ziel für Therapien mit Transgender-Personen gibt. Meine Überzeugung ist: Tatsächlich war in diesem speziellen Fall die Bezeichnung »transgender« für Jane jedoch die einzige Möglichkeit, Konflikte zu erforschen, die ihre Vorstellungen von der Rolle betrafen, die das Geschlecht im Kontext ihrer Adoption gespielt haben könnte. Eine radikale Veränderung ihres Körpers hätte ihre tieferen Ängste nicht berücksichtigen können.

Janes Geschichte und das Ergebnis der Therapie lassen sich nicht mit anderen Patienten vergleichen, trotzdem ist die Art und Weise, wie ihre Transgender-Identität die Funktion hatte, Ängste zu binden, die sich nur indirekt auf das Geschlecht bezogen, nicht ungewöhnlich. Ihre Identität als Transgender-Person schien dem Gefühl nach irgendwie aus dem Rahmen zu fallen: Die Frage nach der Identität war nicht weniger vorrangig oder wichtig und sicherlich ernst zu nehmen, aber sie bildete nicht den Höhepunkt eines Kampfes in einem auf das biologische Geschlecht fixierten Körper, der nicht mit der gefühlten Geschlechtsidentität übereinstimmte. Das Geschlecht war insofern relevant, als es in ihrer Vorstellung mit der Erfahrung der Ablehnung und der Fantasie verbunden war, dass ein veränderter Körper diese Verletzung rückgängig machen würde. Eine solche beunruhigende innere Erfahrung als transgender zu bezeichnen, bot ihr die Möglichkeit, mit ihr umzugehen und sie in einer Form greifbar zu machen, die für Andere kommunizierbar war und ihr Unterstützung und Bestätigung garantierte. Wir sollten uns jedoch fragen: Was wäre passiert, wenn Jane nur von der Transgender-Community bestätigt worden wäre oder einen Therapeuten aufgesucht hätte, der ausschließlich ihre Gefühle gespiegelt hätte, ohne sie zu fragen, warum sie sich so fühlte (das heißt, nicht nur, »wie« sie sich fühlte)?

Berichte, die die Entwicklung menschlichen Verhaltens begründen, wurden herkömmlicherweise genutzt, um »die üblichen Polaritäten im Bereich der psychischen Gesundheit zu untermauern: normal/abnormal, heterosexuell/pervers, gesund/krank« (Wren 2014, S. 282). Dies stellt ganz offensichtlich eine Gefahr dar, vor der wir auf der Hut sein müssen. Ein Entwicklungsbericht muss aber nicht auf diese Weise angewandt werden: Er kann eine zusätzliche Perspektive bieten, aus der heraus persönliche Entscheidungen bewertet werden können, die zumindest teilweise auf frühere, noch nicht reflektierte Erfahrungen zurückgehen. Jane half mir beispielsweise zu verstehen, dass die virtuelle Körperlichkeit ihres männlichen Avatars – und die tatsächlichen Versuche, männlicher auszusehen – ihr buchstäblich eine verkörperte Erfahrung ihres Begehrens, ihrer Fantasien und ihrer Gespenster ermöglichte. Ich verwende das Wort »Gespenster«, weil ich in diesem Zusammenhang an den Jungen denke, der sie hätte sein sollen, um dem Wunsch ihrer leiblichen Mutter zu entsprechen – was, wie wir herausfanden, ein sehr starkes Motiv für die gewünschte Veränderung ihres Körpers war. Diesen Gespenstern musste im analytischen Austausch zwischen uns Raum gegeben werden, damit sie von ihnen erzählen konnte und ihre Entscheidungen zukünftig weniger von deren schattenhafter Präsenz im Kern ihrer verkörperten Erfahrungen bestimmt wurden.

Das Aussetzen der Pubertät

Die Überlegungen zur Bedeutung des von mir in Kapitel 3 dargelegten zeitlichen Kontextes sind besonders relevant für die aktuellen Debatten über die Praxis des Hinauszögerns der Pubertät durch Hormonbehandlungen. Bezeichnenderweise sind Kinder mit einer ausgeprägten und anhaltenden Identifikation mit dem anderen Geschlecht zu Beginn der Pubertät aufgrund der Gefühle, die durch die unerwünschten körperlichen Veränderungen ausgelöst werden, sehr verzweifelt. Aus diesem Grund kann Jugendlichen in der Vorpubertät mit anhaltenden Problemen bezüglich ihrer Geschlechtsidentität eine Hormonbehandlung mit Gonadotropin verschrieben werden, um die Pubertät zu unterdrücken; ihr folgt eine Hormontherapie, um die körperliche Entwicklung im gewünschten Geschlecht zu fördern. Einige Ärzte und Forscher behaupten, die Interventionen, die die Pubertät unterdrücken sollen, seien vollständig reversibel (z. B. Hembree et al., 2017), und befürworten sie, damit die jungen Menschen Zeit gewinnen können, um zu entscheiden, ob sie den nächsten Schritt der geschlechtsangleichenden Interventionen (d. h., die Einnahme von Hormonen des anderen Geschlechts) gehen wollen.

Obwohl viele Transgender-Personen, ihre Eltern und Transgender-Lobbygruppen und -organisationen das Aussetzen der Pubertät enthusiastisch begrüßen, gibt es nur wenige Belege für die angeblichen Vorteile von Pubertätsblockern. So gibt es zwar Studien zur Unbedenklichkeit von Pubertätsblockern (z. B. Schagen et al., 2016), aber in Wahrheit wissen wir immer noch sehr wenig über die langfristigen körperlichen Auswirkungen der Unterbrechung der Pubertät (Biggs, 2019; Griffin et al., 2020); außerdem gibt es Hinweise darauf, dass die Einnahme von Gonadotropin zu einer verminderten Knochendichte führen kann (Steesma et al., 2013a). Eine Studie, die dessen Einnahme befürwortete, weil sie angeblich die Wahrscheinlichkeit von Selbstmordgedanken bei Jugendlichen verringere, wurde weithin als Beweis dafür angeführt, dass Pubertätsblocker Leben retten (Turban et al., 2020). Bei dieser Arbeit wurden allerdings erhebliche methodische Mängel festgestellt, die Zweifel an den Ergebnissen dieser Studie aufkommen lassen (siehe Biggs, 2020).

Darüber hinaus äußern einige psychoanalytische Kliniker die Befürchtung, dass diese Intervention – da sie häufig zur anschließenden Einnahme von Hormonen des anderen Geschlechts führt – eine weitere Erkundung der Transgender-Identifikation vorzeitig verhindert und stattdessen die Bestrebungen fördert, eine medizinischen Transition durchführen zu lassen (Marchiano, 2017).

Es wurde viel dafür getan, das Alter für die Durchführung eines solchen Eingriffs zu senken, was auf mehrere europäische Länder immer noch zutrifft. Auch im Vereinigten Königreich war dies bis zu einem Gerichtsurteil Ende 2020 möglich. Dieses Urteil besagt, bei unter 16-Jährigen müsse davon ausgegangen werden, dass sie nicht in der Lage sind, in derartige Eingriffe einzuwilligen. Hierfür gab es zwei Gründe: Erstens können Kinder, die die Pubertät noch nicht durchlaufen haben, nicht die lebenslangen medizinischen, psychologischen und emotionalen Auswirkungen der Einnahme von Pubertätsblockern und Sexualhormonen des anderen Geschlechts richtig verstehen; zweitens handelt es sich um Eingriffe in der Erprobungsphase, die möglicherweise erhebliche unbekannte Nebenwirkungen haben und deren langfristiger Nutzen kaum belegt ist.[12] Dieses Urteil wurde später angefochten und im September 2021 aufgehoben. Für die Verschreibung von Pubertätssuppressiva ist im Vereinigten Königreich keine gerichtliche Anordnung mehr erforderlich und die heikle Frage, ob unter 16-Jährige einer medizinischen Transition zustimmen können, wird der Beurteilung des einzelnen Arztes überlassen.

Nicht nur zu den körperlichen Risiken von Pubertätssuppressiva, sondern auch zu deren psychologischen Auswirkungen fehlen qualifizierte wissenschaftliche Untersuchungen. Es wäre sehr überraschend, wenn die Aussetzung der Pubertät, das heißt, die Veränderung der normalen (d. h., erwarteten) sexuellen Reifung des Körpers, keine psychologischen Folgen hätte; denn – wie wir in Kapitel 3 gesehen haben – es besteht zwischen Körper und Psyche ein enger

12 www.judicary.uk/wp-content/uploads/2020/12/Bell-v-Travistock-Judgement.pdf

Zusammenhang. Zumindest wird der junge Mensch Zeuge der körperlichen und sexuellen Entwicklung seiner Gleichaltrigen, während seine eigene Entwicklung in der Schwebe ist. Es mag tröstlich sein, zu erleben, dass die Entwicklung des eigenen Körpers zeitlich nicht voranschreitet; bei meiner klinischen Arbeit habe ich allerdings häufig beobachtet, dass auch die Sexualität auf Eis liegt. In einigen Fällen befinden sich die Jugendlichen in einem pubertären/körperlichen Schwebezustand, den die Aussetzung der Pubertät mit sich brachte; es kommt häufig zu einer radikalen Veränderung des Körpers durch eine Transition, während die Jugendlichen noch den Prozess der Adoleszenz durchlaufen. Dies kann zu einer ausgeprägten Störung der Beziehung der Jugendlichen zur »Zeit« führen und sich auf ihre psychologische Anpassung nach dem Eingriff auswirken, wie ich am Beispiel meiner Arbeit mit Paula veranschaulichen werde.

Paulas Fall

Paula war eine Transgender-Person (von männlich zu weiblich), die sich in sehr frühem Alter einer geschlechtsangleichenden Operation unterzogen hatte. Sie kam zum ersten Mal zu mir, als sie gerade 19 Jahre alt wurde. Seit sie sich erinnern kann, war sie davon überzeugt, sie sei ein Mädchen, das im Körper eines Jungen gefangen ist.

Im Alter von 13 Jahren wurde sie mit Hormonen behandelt, um die Pubertät auszusetzen. Mit 16 Jahren begann sie mit der Einnahme von Hormonen des anderen Geschlechts und dann kurz vor ihrem 18. Geburtstag wurde eine medizinische Transition durchgeführt.

Paula war Einzelkind, sie hatte eine Halbschwester aus der ersten Ehe ihres Vaters, zu der sie nur sehr wenig Kontakt hatte. Als sie noch kein Jahr alt war, verließ ihr Vater die Familie; sie hatte seither nur noch sehr selten Kontakt zu ihm. Ihren Vater beschrieb sie als einen sehr religiösen Mann mit konservativen Ansichten. Er war ins Ausland gegangen, hatte nochmals geheiratet und eine weitere Familie gegründet, er war gegen ihre Geschlechtsumwandlung und tat sich schwer damit, ihre Entscheidung zu akzeptieren. Im Gegensatz hierzu erlebte Paula ihre Mutter nach dem ersten »Schock« als große Stütze.

Paula war eine sehr aufgeweckte, attraktive junge Frau. Sie wurde an mich überwiesen mit der Bitte um Unterstützung, weil sie sich deprimiert fühlte und Schwierigkeiten hatte, nach einer langen Abwesenheit aufgrund der geschlechtsangleichenden Operation und der daraus resultierenden Komplikationen ihr Studium wieder aufzunehmen. Außerdem war sie aus der Gegend weggezogen, in der sie bisher gelebt hatte, um einen »Neuanfang« zu machen. Dies bedeutete: Sie musste sich mit ihrer Identität als »Mädchen«, von dem niemand wusste, dass es sich einer geschlechtsangleichenden Operation unterzogen hatte, an ein völlig neues soziales Umfeld anpassen. Sie hatte Schwierigkeiten, sich an ihre neue Umgebung anzupassen sowie neue Freundschaften zu schließen, und fühlte sich – vor allem gegenüber Jungen – sehr unsicher. Infolgedessen versäumte sie die meisten Unterrichtsstunden und verbrachte immer mehr Zeit zu Hause, wo sie die Nähe zu ihrer Mutter suchte.

Mit dem Ortswechsel wollte Paula ihre Vergangenheit auslöschen, um ihre Integration nach der Transition zu erleichtern. Dies hatte anscheinend zu einem tiefgreifenden Gefühl der Entwurzelung beigetragen und löste einen Zusammenbruch aus. Paula entwickelte verschiedene somatische Beschwerden, die sie von der Außenwelt abschirmten und wochenlang buchstäblich ans Bett fesselten, wo sie von ihrer Mutter gepflegt wurde, als wäre sie ein Neugeborenes, das rund um die Uhr betreut werden musste.

Sowohl Paula als auch ihre Mutter glaubten anscheinend, dass mit dem Aussetzen der Pubertät – gefolgt von der Einnahme von Hormonen des anderen Geschlechts und der Transition – ein neues Selbst »geboren« würde. Jetzt musste Paula sozusagen von Grund auf wieder erwachsen werden. Damit war Paulas zeitliche Verortung zutiefst gestört: Sie schien nicht mehr in der Vergangenheit verankert zu sein und lebte demzufolge in einer ganz besonderen geschichtslosen Gegenwart.

Die Vergangenheit musste gründlich ausgelöscht werden, um ihren neuen Körper und ihre neue Identität als Frau an die gegenwärtige Realität anzupassen. Paradoxerweise konnte sie aufgrund der unterbrochenen Verbindung mit der Vergangenheit auch in der Gegenwart nicht »präsent« sein. Dies verdeutlichte mir die Schwierigkeiten, auf die wir bei unserer Arbeit voraussichtlich stoßen würden, da ein Denken ohne irgendeinen Bezug zur Vergangenheit unmöglich ist.

Es fiel mir schwer, mir von Paulas Leben vor der Transition ein Bild zu machen. Ich verwende das Wort »Bild« mit Bedacht, denn ich konnte mir natürlich nicht einmal vorstellen, wie sie vor ihrer Operation aussah. Ich dachte, meine Schwierigkeiten hingen damit zusammen, dass sie in ihrem Kopf kein lebendiges Bild von sich selbst vor der Operation hatte. Es blieb in der Tat im Unklaren, wie ihr Leben bis zu diesem Zeitpunkt ausgesehen hatte, als ob alles und somit auch sämtliche zeitlichen Vorstellungen ausgelöscht worden wären. Folglich wirkte ihre Geschichte sehr unzusammenhängend; es fehlten jegliche Hinweise auf die Zeit vor dem Beginn ihrer Hormontherapie im Alter von 13 Jahren. Zu diesem Zeitpunkt schien sie in eine Phase des Scheintods eingetreten zu sein, während sie auf den Körper wartete, den sie behaglicher bewohnen konnte. Sie erinnerte sich an diese Zeit als »ihren Anfang«, was ihre akute Notlage erleichterte. Sexualität jeglicher Art war auf Eis gelegt – sie erzählte mir, sie würde nie masturbieren und hätte ihren damaligen Penis als etwas Fremdes betrachtet, das ihr keine Lust bereiten konnte. Sie sagte, sie hätte zu diesem Zeitpunkt weder an Jungen noch an Mädchen Interesse gehabt.

Als sie über ihre Familie sprach, erwähnte Paula selten ihren Vater: Ich brachte ihn ins Spiel, indem ich sie direkt nach ihm fragte.

Was noch wichtiger war, sie schien in ihren Gedanken an einem Ort zu leben, an dem es kein Elternpaar gab. Sie sagte mir, sie wisse nichts darüber, wie sich ihre Eltern kennengelernt hatten, und zeigte in dieser Hinsicht auch keinerlei Interesse. Ähnlich knapp fiel auch ihr Bericht aus, warum sie sich getrennt hatten, als wenn der Fokus auf ihre Trennung die Anerkennung der Tatsache voraussetzen würde, dass sie einmal zusammen gewesen waren. Paula hatte auch keine Verbindung zu der Geschichte ihrer erweiterten Familie, zum Beispiel ihrer Großeltern. Sie reagierte auch gereizt, wenn ich sie danach fragte; all dies hinterließ bei mir den seltsamen Eindruck, dass es vor ihr buchstäblich keine Vergangenheit gab, so wie es auch keine Vergangenheit vor der Operation gab.

Erste Begegnung

Als Paula das erste Mal zu mir kam, war ich beeindruckt, wie sie sich zu ihrer Verspätung verhielt. Sie kam 15 Minuten vor dem Ende des vereinbarten Termins. Dies schien sie nicht zu stören und sie erwähnte es auch nicht. Als ich anmerkte, dass wir nur noch sehr wenig Zeit hatten, schaute sie überrascht und antwortete, sie hätte die tatsächliche Uhrzeit des Termins vergessen, sie hätte vermutet, dass es ungefähr die Zeit war, zu der sie ankam, und dass der Brief, den ich ihr geschickt hatte, verlorengegangen sei, sodass sie den Zeitpunkt unseres Termins nicht überprüfen konnte. »Aber jetzt bin ich hier«, fügte sie etwas provokativ hinzu. Sie sagte dies eher abschätzig und hinterließ bei mir das Gefühl, ich sei derjenige, der sich von der dahinschwindenden Zeit versklaven ließe, während sie außerhalb jeglicher zeitlicher Einschränkungen lebte.

Wie so oft enthielt unsere erste Begegnung im Ansatz, was wir letztendlich über Paulas Verhältnis zur Zeit und über ihre Beziehung zu ihrem männlichen Körper herausfanden. Als ich ihr bei dieser ersten kurzen Begegnung zuhörte, hatte ich das Gefühl, dass sie in diesem Gegenwartsmoment – »Aber jetzt bin ich hier« – mit großem Triumph kundtat: Die Vergangenheit ist überflüssig, sie kann keine Perspektive bieten und die Verspätung ist folglich ohne Bedeutung. Auf diese Weise erhaschte ich einen Blick auf das, was ich später als ihr Leben in einer Zeitschleife verstand, die durch das künstliche Aussetzen der Pubertät mit 13 Jahren konkret wurde, die aber, wie ich vermutete, höchstwahrscheinlich auch ihr Leben vor dieser Zeit prägte.

Das Aussetzen der Pubertät und die vorweggenommene körperliche Umwandlung von einem Mann in eine Frau erfüllten in ihrem Fall die Funktion einer Art psychischen und physischen Ruhezustandes, während sie tatsächlich darauf wartete, nach ihren eigenen Vorstellungen wiedergeboren zu werden. Diese erwartete Wiedergeburt führte zu einem Stillstand, bei dem die Gegenwart eine Form des Wartens bildete, ohne in einer Vergangenheit verortet zu sein. Nach der Operation blieb sie allerdings in dieser Zeitschleife gefangen. Der Stillstand engte die analytische Beziehung ein und fungierte erfolgreich als Abwehr gegen die Herstellung von Verbindungen zur Vergangenheit, was das Durcharbeiten der Beziehung zu ihrem mitgegebenen Körper verhinderte und folglich die Anpassung an ihren »neuen«, veränderten Körper überlagerte. Dies werde ich im Folgenden anhand von zwei Sitzungen aus verschiedenen Phasen unserer vierjährigen psychoanalytischen Therapie veranschaulichen.

Sitzung 1: Neun Monate nach Beginn der Therapie

Die erste Sitzung, über die ich berichten werde, folgte auf eine Sitzung, in der Paula 15 Minuten zu früh vor meinem Behandlungszimmer erschien. Sie kam – von der Rezeption nicht angekündigt –, als mein vorheriger Patient gerade ging.

Paula kam nach der Sitzung der Vorwoche (zu der sie 15 Minuten zu früh erschien) 20 Minuten zu spät. Sie erwähnte die Verspätung mit keinem Wort, eine mittlerweile für sie typische Art und Weise, mit der sie die Beschränkungen der Realität ausblendete. Sie saß ruhig da, wandte den Blick zur Seite und erzählte dann etwas distanziert von einem Vorfall am College, als ein Mädchen eine »dumme« Bemerkung über ihr Aussehen gemacht hatte, über die Paula verärgert war.

Meinem Eindruck nach schilderte sie einen Vorfall, der schwierig gewesen war, und trotzdem klang sie eher distanziert. Paula zuckte mit den Schultern und sagte, sie habe viel für die Uni zu tun und könne die Fristen nicht einhalten. Ich bemerkte einen Anflug von Angst, als sie zugab, dass sie mit ihren Studienarbeiten so weit im Rückstand war, dass sie durchfallen könnte. Sie fügte hinzu, sie sei müde, zu müde, um denken zu können; anschließend beschrieb sie, wie sie in der Nacht zuvor einen riesigen Joint geraucht hatte und es genoss, jedes Gespür dafür zu verlieren, wo sie sich befand.

Ich sagte ihr, dies sei der Zustand, den sie sich jetzt herbeiwünschen würde, anstatt mit mir über die Verspätung zu ihrer Sitzung, die Verspätung mit ihren Studienarbeiten oder die schmerzhafte Bemerkung des Mädchens am College nachdenken zu müssen.

Paula sagte zunächst nichts, erzählte dann aber von einem Traum, den sie einige Tage zuvor gehabt hatte, *in dem ihr Mathematiklehrer ihr eine komplizierte Aufgabe gestellt und eine sehr knappe Frist gesetzt hatte. Sie hatte die Arbeit in ihre Tasche gepackt, aber auf dem Heimweg an einem See angehalten und die Tasche mit dem gesamten Inhalt ins Wasser geworfen.*

Bei ihren Assoziationen erzählte sie mir, dass sie gerne zusah, wie Gegenstände auf den Grund des Wassers sanken. Sie mochte die Art und Weise, wie sie »außer Reichweite« kamen und verschwanden, sodass niemand wusste, dass sie jemals existiert hatten. Sie erinnerte sich daran, wie sie als Kind gerne über die Figuren kritzelte, die sie gezeichnet hatte, bis die ursprüngliche Zeichnung nicht mehr zu erkennen war.

Dann erzählte sie von einer gerichtsmedizinischen Krimiserie, die sie im Fernsehen anschaute und bei der oft Leichen als Teil der

Untersuchung aus Seen gefischt wurden. Sie mochte die Serie und war besonders von der leitenden Gerichtsmedizinerin angetan, die sie für »sehr klug« hielt.

Ich sagte, dass sie zur heutigen Sitzung gekommen sei, müsse sich anfühlen, als sei sie dem Druck ausgesetzt, komplizierte Hausaufgaben machen zu müssen, und ich fügte hinzu, sie würde schwierige Gedanken und Gefühle lieber aus ihrem Gedächtnis löschen, damit sie ganz sicher »außerhalb der Reichweite« unserer Erkundungen blieben. Die Assoziation zu der Serie erwähnte ich nicht, aber ich fühlte mich durch sie ermutigt, einen Schritt weiterzugehen, denn ihre Assoziation war für mich ein Hinweis darauf, dass ein Teil von ihr mich brauchte: Ich solle mich nicht von der Aufgabe ablenken lassen, die versunkenen Gedanken und Gefühle »herauszufischen«, die wie die toten Körper in der Fernsehserie zumindest in meinem Kopf lebendig bleiben mussten, damit wir sie sorgfältig untersuchen konnten.

Paula fuhr fort und sagte, sie habe heute die Nase voll, weil sie nicht auf die Hormone anspreche und ihre Brüste immer noch zu klein seien. Sie war wütend auf ihren Arzt, der sie noch nicht an einen Chirurgen zu einer »kostenlosen« Operation überweisen wollte und sie stattdessen ermutigte, weiterhin Hormone zu nehmen.

Ich sagte, sie ärgere sich vielleicht darüber, dass es mit Hilfe der Hormone nicht gelungen war, alle Spuren ihres jungenhaften Körpers zu beseitigen. Ich fragte mich laut, ob die »dumme« Bemerkung des Mädchens über ihr Aussehen, über die sie mir noch nichts Genaues erzählt hatte, diese Angst ausgelöst haben könnte.

Paula meinte, das Mädchen habe gesagt, sie sei »zu dünn«, habe aber ihre Brüste nicht erwähnt. Sie hielt inne und ergänzte, dass sie sich vielleicht »weniger wie ein Mädchen fühlte«, weil sie als dünn bezeichnet wurde. Sie beneidete es, wenn Mädchen weibliche Kurven hatten, obwohl sie wusste, dass manche Menschen alles dafür tun würden, um so dünn wie sie zu sein. Paula fügte hinzu, sie habe eigentlich nie darüber nachgedacht, ein Junge zu sein. Sie erinnerte sich daran, wie »aufgeregt«

sie war, als ihre Behandlung mit Gonadoliberin begonnen hatte, weil sie dann wusste, dass sie ihrem jungenhaften Körper entfliehen konnte.
Ich bat sie, mir zu helfen, um verstehen zu können, wie sie diese Zeit erlebt hatte. Paula antwortete, es habe sich angefühlt, als würde ihr männlicher Körper allmählich verschwinden, als würde sie »sich häuten«, sagte sie, und dann könne eine neue Haut wachsen.
Jetzt habe sie alle Fotos von sich als Junge weggeworfen. Sie könne sich nicht einmal mehr daran erinnern, wie sie ausgesehen habe, und sie sehe auch keinen Sinn darin, dies zu tun, »weil ich ein Mädchen bin«, fügte sie hinzu.
Ich sagte, es sei ein bisschen so, als hätte sie über ihren jungenhaften Körper gekritzelt und es sei ihr jetzt nicht mehr möglich, sich seine Konturen auch nur vorzustellen.
Paula sagte, sie würde nicht gerne an diese Zeit denken. Daraufhin meinte ich, es sei eine sehr schwierige Zeit gewesen. Sie nickte und sagte, sie könne sich wirklich kaum daran erinnern, und fügte dann hinzu: »Ich will nach vorne schauen, nicht zurück. Vor der Operation gibt es nichts. Mein Leben war scheiße. Ich habe schon so viel Zeit durch die Operation und die Erholung danach verloren.«
Ich sagte, die Vergangenheit sei eine Zeit der Gefangenschaft und Verzweiflung gewesen und sie sei jetzt ausgezogen, nicht nur aus der Gegend, in der sie einst als Junge gelebt hatte, und aus ihrem jungenhaften Körper, sondern auch aus einem Ort in ihrem Kopf, in dem die störenden Erinnerungen an sie als Junge gespeichert waren. Paula sagte ziemlich eindringlich, es hätte sich nicht so angefühlt, als sei sie ein Junge, es hätte sich nie so angefühlt.
Ich sagte, ich hätte heute begonnen, die Konturen ihres jungenhaften Körpers nachzuzeichnen, um sie an ihn zu erinnern, während sie über andere Dinge, die zwischen uns passiert waren – wie die Tatsache, dass sie heute zu spät oder in der Woche zuvor zu früh gekommen war – kritzeln wolle, weil dies auch Dinge waren, an die sie nicht gerne dachte.

Paula sagte, sie habe in der Woche zuvor jemanden aus meinem Zimmer kommen sehen. Sie sei sich nicht sicher gewesen, ob es sich um einen anderen Patienten gehandelt hätte. Sie fügte hinzu, dass es auch mein jugendliches Kind gewesen sein könnte.

Ich erinnerte sie daran, dass dies passiert war, weil sie sich bei ihrer Ankunft nicht an der Rezeption angemeldet habe, sondern direkt in mein Zimmer gekommen sei, und zwar nicht zu ihrer Zeit, sondern zu der einer anderen Person.

Sie sagte, sie habe nicht gewusst, dass sie sich immer an der Rezeption anmelden müsse. Ich sagte ihr, dass ich glaube, sie wisse sehr wohl, dass dies üblich sei, aber vielleicht sei ein Teil von ihr neugierig und wolle wissen, was in meinem Zimmer vor sich ging, bevor sie es betreten konnte.

Paula sagte, dass es sie nicht wirklich interessiere, wer sonst noch zu mir käme; es sei ein Versehen gewesen: Sie würde sich immer in der Zeit vertun. Es sei »keine große Sache«, sagte sie; sie fand, dass ich mich oft über unsere Sitzungszeiten ausließ.

Ich sagte, sie sei wütend darüber, dass ich den Fokus auf die Zeit richte, und dass sie sich dadurch kritisiert fühle. Paula entgegnete, sie würde ungern die Regeln von irgendjemandem befolgen – wenn sie Regeln befolgt hätte, dann hätte sie auch die Regel befolgt, die besagt: »Du sollst den Körper akzeptieren, mit dem du geboren wurdest«, und sie wäre jetzt sehr unglücklich. Dies hätte ihr »dummer« Vater vor einigen Jahren zu ihr gesagt.

Ich merkte, dass sie auch mich für dumm hielt, da ich sie zu dem Gedanken zwingen wollte, dass die Zeit, die sie mit mir verbrachte, nicht die einzige Zeit war, in der ich existierte, sondern dass es noch andere Zeiten ohne sie gab – wie die Zeit mit meinem Patienten, der vor ihr seine Stunde hatte, oder mit dem Kind, das ich in ihrer Vorstellung hatte. Ich sagte ihr, sie wolle möglicherweise nicht an irgendetwas oder irgendjemanden denken, der vor ihr in meiner Vorstellung existierte.

Paula wurde ganz still und saß unruhig auf ihrem Stuhl. Nach einiger

Zeit sagte sie, sie habe in der Schule mit Mathe zu kämpfen. Sie sei noch nie gut in Mathe gewesen. Sie fügte hinzu, dass sie das Gefühl habe, es sei alles nur »Geschwafel« und sie könne nicht einmal richtig zusammenzählen.

Ich sagte, sie gebe mir zu verstehen, dass das, was ich gerade gesagt hatte, nur »Geschwafel« sei und dass sie meine Gedanken nicht nachvollziehen könne, als ich sagte, dass sie nicht an irgendetwas oder irgendjemanden denken wollte, der vor ihr in meinem Kopf existiert hat. Es fühlte sich vielleicht so an, als wenn ich von ihr verlangen würde, schwierige Ideen und Gefühle auf einmal zusammenzuzählen und sich dies als eine komplizierte Mathematikaufgabe erwies.

Paula schaute mich aufmerksam an und nickte, als wenn sie sich irgendwie erkannt fühlte, aber sie war sich nicht ganz sicher, was sie von dem halten sollte, was ich gesagt hatte. Sie schwieg dann für die restlichen fünf Minuten und bedankte sich – was ungewöhnlich war –, als sie aufstand, um zu gehen.

Sitzung 2: 26 Monate nach Beginn der Therapie

Zum Zeitpunkt dieser Sitzung hatte sich Paula einer privat finanzierten Brustvergrößerung unterzogen. Zu Beginn der Sitzung sprach sie kurz über einige Probleme mit ihrer Wohnung und erzählte dann den folgenden Traum.

Ich schwebe auf einer Wolke. Ich fühle mich leicht. Um mich herum bewegt sich nichts. Die Wolken stehen still. Ich kann die Welt unter mir sehen, aber ich bin nicht Teil von ihr. Eine Frau steht unten auf dem Feld und ruft. Ich glaube, sie denkt, ich würde durch die Wolke fallen und mir die Knochen brechen. Ich höre ihre Stimme, zuerst laut, dann wird sie immer leiser, bis ich nur noch sehe, wie sich ihr Mund bewegt, aber es kommt kein Ton heraus. Sie sieht so klein aus... dann taucht mein Vater auf und drückt von hinten gegen sie. Die Frau sieht etwas überrascht aus, aber es scheint sie nicht zu stören. Er bewegt auch den Mund, aber es kommt kein Ton heraus. Beide sehen aus wie ausgeschnittene Figuren... lustig (sie lacht).

Ich bat Paula, etwas mehr über ihren Traum zu erzählen. Sie sagte, sie hätte als Kind immer in den Himmel geschaut und sich gewünscht, sie könne in den Himmel reisen und auf einer Wolke schlafen, wo um sie herum Stille herrscht. Sie erinnerte sich an eine Kindergeschichte, die sie sehr mochte, in der ein Mann auf einer Wolke lebte und von dort oben entschied, ob es an einem bestimmten Tag sonnig oder bewölkt, regnerisch oder kalt sei. Dann fügte sie hinzu, sie habe als Kind geglaubt, dass Babys von Störchen gebracht werden. Als sie wahrnahm, dass sie »wirklich« ein Mädchen war, stellte sie sich vor, ihr Mädchenkörper müsste an eine andere Adresse gebracht worden sein, und in ihrer Fantasie glaubte sie, ihn eines Tages zu finden.

Ich sagte, dass sie irgendwie immer noch gerne in den Wolken leben würde, wo alles, sogar die Zeit, stillsteht, und dass sie dann alles kontrollieren könnte – wie der Wettermann –, während andere, wie ich oder ihre Eltern, zurechtgestutzt und kleine Menschen ohne Stimme wären.

Paula sagte, sie halte ihren Vater für eine erbärmliche Figur, aber ihre Mutter habe es gut gemeint und ihr geholfen, als es ihr schlecht ging. Sie könne aber nicht verstehen, wie ihre Mutter jemals mit ihrem Vater zusammengekommen sei.

Paula dachte nicht gerne an diese Zeit im Leben ihrer Mutter, denn sie hatte ihr gesagt, dass sie unglücklich gewesen sei, da sie nicht zu ihrem Vater »gepasst« habe. Sie stellte sich ihre Mutter ungern als unglücklichen Menschen vor.

Ich sagte, vielleicht sei es für sie schwierig, an die Zeit vor ihrer Geburt zu denken, als ihre Eltern, so ungleich sie auch sein mochten, dennoch zusammenkamen und sie zeugten.

Paula sagte, der Gedanke daran stoße sie ab. Sie fügte abschätzig hinzu, sie passten so schlecht zusammen, dass sie nur in einen »schlecht passenden« Körper hineingeboren worden sein konnte.

Ich sagte, ich hätte den Eindruck, dass der »richtige« Körper in ihren Augen ein Körper sei, der überhaupt nichts mit ihren Eltern zu tun habe.

Paula erwiderte, dass sie ihren Körper einfach so wiederhergestellt habe, wie er immer hätte sein sollen.

Ich spürte, dass sie das Gefühl hatte, ich würde sie kritisieren. Ich fragte mich, ob ich zu energisch gewesen war. Inzwischen wusste ich, wie schwierig es war, bei Paula meine Interventionen zu dosieren, da sie sich so sehr gegen die Realität wehrte. Es war nur allzu leicht, ihr fälschlicherweise zu früh zu viel zuzumuten, was ihr Denken zum Erliegen bringen würde. Wenn ich jedoch in meinen Interventionen zu unterstützend war, ohne Paula herauszufordern, fühlte es sich an, als würde ich mit ihr in den Wolken schweben und die Realität ausblenden. Das Risiko einer zeitlich schlecht abgestimmten Intervention war daher groß.
Ich fragte mich dann laut, ob sie sich von mir kritisiert fühlte. Sie sagte nichts. Ich fügte hinzu, dass sie vielleicht das Gefühl habe, ich könne nicht verstehen, wie sehr sie immer noch an die Geschichte vom Storch glaube, der ihren »wirklichen« Körper an der falschen Adresse abgegeben hatte, und wie diese Geschichte ihr in schwierigen Zeiten geholfen hatte.
Sie nickte und schwieg dann über fünf Minuten lang. Als sie das Gespräch wieder aufnahm, erzählte sie mir, wie sie nach der Sitzung in der vorausgegangenen Woche im Bus mit ihrem iPod Musik gehört hatte und sich ein älterer Mann über den Lärm beschwert hatte. Sie sei sehr wütend auf ihn gewesen; anstatt die Lautstärke zu reduzieren, habe sie zu ihm gesagt: »Was glauben Sie eigentlich, wer Sie sind?«, und dann habe sie sich auf das Oberdeck im Bus gesetzt.
Ich sagte, sie scheine empört zu sein, weil er in ihren und nicht sie in seinen Raum eingedrungen sei. Sie entgegnete mir knapp, dass er aufdringlich gewesen sei und sich oben niemand an der Lautstärke gestört habe. Sie sagte, es sei ohnehin besser, oben zu sitzen, weil man im »Un-

terdeck« eher auf »Verrückte« treffe, die immer etwas hätten, worüber sie sich beschwerten.

Ich sagte, dass sie das, was ich heute gesagt habe, als das Eindringen in ihre Gedanken erlebt habe – als wenn ich mich irgendwie über sie beschweren und mit dem Finger auf sie zeigen würde – und dass sie meine Stimme einfach übertönen wolle. Sie erwiderte, ich würde manchmal hilfreiche Dinge sagen, aber heute habe sie das Gefühl, dass das, was ich sagte, »belanglos« sei.

Ich sagte, wenn sie etwas nicht hören wolle, ziehe sie sich gedanklich an einen Ort zurück, an dem sie sich wie in den Wolken oder im Oberdeck des Busses fühle, wo sie sich nicht an die Regeln Anderer halten müsse. Ich fügte hinzu, dass dies ein vertrauter und sicherer Ort sei.

Paula schaute nachdenklich und nach ein paar Minuten sagte sie, es sei hart, sie selbst zu sein. Als sie zum ersten Mal Hormone bekam, dachte sie, ihre Probleme seien vorbei und sie könne ihr Leben neu beginnen. Jetzt stecke sie fest. Sie fügte schnell hinzu, dass sie die Operation nicht bereue, aber erinnerte sich auch umgehend daran, wie einsam sie sich fühle. Die Tage zu Hause »zögen sich ewig« hin, sagte sie, und sie wisse nicht, was sie mit ihrer Zeit anfangen solle. Sie könne sich vorstellen, wie sich die Leute an der Uni »amüsierten«. Als ich ihr zuhörte, hatte ich das Gefühl, dass sie emotional präsenter im Raum war, und ich konnte besser nachvollziehen, wie schmerzhaft es war, sie zu sein.

Ich sagte, dass es sich früher besser und sicherer angefühlt habe, in den Wolken zu schweben, aber dass dieses Gefühl jetzt vielleicht dem Leben da unten im Weg stehe, wo die Zeit sich hinziehe und sie sich wie ihre Gleichaltrigen fühle, die in der Zeit lebten.

Nach einer kurzen Pause fragte mich Paula zum allerersten Mal, wie viel Zeit wir in der Sitzung noch hätten. Wir waren schon fast am Ende angelangt.

Ich bestätigte, dass wir nur noch wenig Zeit hätten, und ergänzte, ich hätte den Eindruck, dass sie sich zum ersten Mal in einer unserer Sitzungen der verrinnenden Zeit bewusst geworden sei und dass dies das heutige Ende schwieriger machen könnte.

Paula nickte und die Sitzung endete mit Schweigen – einem Schweigen, das sich zum ersten Mal sehr in der Zeit und damit in einer Realität »unter den Wolken« verortet anfühlte.

In Kapitel 3 habe ich bereits auf Grinbergs & Grinbergs (1981) Begriff der zeitlichen Verbindung verwiesen, der sich auf die Kontinuität zwischen verschiedenen Repräsentationen des Selbst über einen längeren Zeitraum bezieht. Auf diese Weise entsteht die Grundlage für ein Gefühl der Kontinuität des Selbst. Bei Paula war die Verbindung der zeitlichen Integration gestört, was meines Erachtens am ehesten der Grund für ihre schlechte postoperative Anpassung ist. Paulas Traumbild, in den Wolken zu leben, von wo aus sie wie der Wettermann alles kontrollieren kann, erfasst sehr eindrucksvoll ihren omnipotenten, zeitlosen seelischen Zustand, in den sie sich zurückzog. Deshalb war es schwierig für sie, in der Zeit zu leben, da sie andernfalls schmerzlich mit einer Vergangenheit konfrontiert war, die sie nicht in die Gegenwart integrieren konnte. Von oben, aus den Wolken betrachtet, wurde das Elternpaar (und ich in der Übertragung) zu »bedeutungslosen«, lächerlichen Sprachrohren. Das »Geräusch« der Urszene (der Vater ohne Stimme, der gewaltsam von hinten in die Mutter eindringt) wurde wie bei ihrem Traumbild in ihrem Kopf ausgeschaltet, wodurch das Elternpaar zu ausgesetzten Figuren wurde, über die sie triumphierte. Das Leben in der realen Zeit verlangte von Paula, dass sie sich mit dem Vorwurf »Was glauben Sie, wer Sie sind?« auseinandersetzte, den sie in ihrer Empörung gegenüber dem Mann im Bus geäußert hatte. Das heißt, sie musste die Projektion ihres beschämten, verbitterten »verrückten« Selbst, nämlich ihren Groll gegen das Elternpaar, zurücknehmen.

Während der Pubertät lebte Paula in einem Schwebezustand und wartete darauf, einen neuen Körper zu finden, den sie behaglich bewohnen konnte, während sie – wie sie es ausdrückte – »die Haut ihres männlichen Körpers abstreifte«. Wie ich bereits angedeutet habe, greift interessanterweise ihr Traumbild, wie sie in den Wolken schwebt, nicht nur das Aussetzen der Zeit auf, sondern es ist auch bemerkenswert, dass Paula die Wolken unbeweglich macht – »die Wolken stehen still« –, was vielleicht zeigt, wie sie weder bei Anderen noch bei sich selbst irgendeinen Intimverkehr und eine Bewegung zulassen konnte.

Als die Vergangenheit zur Einöde wurde, verlor Paula den zeitlichen Kontext, der sie angesichts der psychischen Auswirkungen ihrer körperlichen Modifikation unterstützen konnte.

In dieser Hinsicht bestand die Herausforderung für Paula nicht darin, den subjektiv als »real« empfundenen Körper in den Kontext des Körpers, in den sie hineingeboren wurde, zu integrieren, vielmehr ging es darum, eine neue, umfassende Identität aufzubauen und dann sozusagen vor allem und jedem zu fliehen, der ihr Identitätsgefühl eventuell wieder mit der Vergangenheit in Verbindung bringen würde. Paulas Fantasie von einer tatsächlichen Wiedergeburt wurde durch den Ortswechsel nach der Transition, der alle physischen und zeitlichen Verbindungen zur Vergangenheit abschnitt, noch verstärkt. Es überrascht nicht, dass dies zu einem schwerwiegenden Zusammenbruch ihres Funktionierens führte, was sich unter anderem in einer ausgeprägten Somatisierung äußerte.

Durch die Arbeit mit Paula konnte ich besser verstehen, dass auf das Aussetzen der Pubertät und der Transition wahrscheinlich keine erfolgreiche Anpassung folgt, wenn das Individuum nicht in der Lage ist, den veränderten Körper in eine »psychische Wohnung« zu integrieren, in der auch das Elternpaar einen guten Platz findet. Wenn, wie im Fall von Paula, die Fabel vom Storch die vorherrschende Geburtsfantasie ist, bleibt der veränderte Körper von seiner Entstehungsgeschichte abgekoppelt und die zeitliche Verbindung ist unterbrochen. Unsere Arbeit hatte das Ziel, ihr dabei zu helfen, in ihrer Psyche sozusagen einen Platz auf dem »Unterdeck« zu finden, von dem aus sie die Wolken vielleicht nicht als unbewegliche Objekte (wie im Traumbild) sehen konnte, sondern ihnen eine eigenständige Bewegung und Fluidität zugestand – wenn man so will, ihre Fähigkeit, Verbindungen einzugehen.

Paulas Fall wird hier nicht als Beleg für die »Argumente gegen eine Hormontherapie« angeführt, die für alle jungen Menschen während der Pubertät gelten. Vielmehr soll er daran erinnern: Wenn solche Eingriffe in Betracht gezogen werden, ist es die moralische Pflicht der Personen, die sich um die jungen Menschen kümmern, zu bedenken, dass solche hormonellen Manipulationen negative psychische und physische Auswirkungen haben können. Diese Risiken müssen von Fall zu Fall sorgfältig gegen die möglichen Vorteile eines Aussetzens der Pubertät abgewogen werden.

Wegweiser

In unserer gegenwärtigen Kultur wird der Körper als veränderbar und offen für Neugestaltungen betrachtet – als eine Art Projekt (Giddens, 1991). Dieser äußere Kontext bildet den Rahmen dafür, dass eine Identitätsbezeichnung wie Transgender einigen Menschen – vielleicht vor allem jungen Menschen – eine vorgefertigte Erklärung bietet und einen Weg zur Lösung eines tiefer sitzenden Unbehagens oder Traumas aufzeigt, das im Körper verankert ist.

In diesen Fällen besteht die Fantasie, dass eine Veränderung des Körpers den psychischen Schmerz beseitigen wird. Wie ich im nächsten Kapitel darlegen werde, ist es deshalb aus ethischen Gründen notwendig, in den Entscheidungsfindungsprozess bezüglich der medizinischen Transition Zeit zum Nachdenken einzuplanen. Dies ist besonders in der Adoleszenz wichtig, wenn der Körper selbst bei einer positiven Entwicklung für die meisten jungen Menschen in unterschiedlichem Ausmaß eine Quelle der Unruhe und Angst darstellt. Es handelt sich um eine Entwicklungsphase, in der der Druck, zu agieren statt zu reflektieren, besonders groß ist.

In der Adoleszenz unterliegt der Körper der Aufmerksamkeit der Psyche. In der normalen Entwicklung ist es notwendig, dass zu Beginn der Pubertät mit ihren dramatischen körperlichen Veränderungen die sexuellen und aggressiven Triebe des postpubertären Körpers in die Repräsentation des Körpers und damit des Selbst integriert werden. Nehmen wir zum Beispiel den Orgasmus; er kann einen Schwerpunkt darstellen, um den herum der Jugendliche nicht nur ein Gefühl für die Realität des Genitals entwickeln, sondern auch ein neues Zeitgefühl im Rhythmus der sexuellen Bedürfnisse und im Streben nach sexueller Befriedigung entdecken kann. Es ist wichtig, diesen *Entwicklungsrahmen* im Auge zu behalten, wenn wir versuchen, die Funktion einer Transgender-Identifikation bei einem jugendlichen Patienten zu verstehen.

Eines der beunruhigendsten Wesensmerkmale der Arbeit mit Transgender-Jugendlichen ist folgende Tatsache: Gerade dann, wenn sie in eine wichtige Entwicklungsphase eintreten, in der die Sexualität erkundet werden muss, werden sie durch die Transgender-Identifikation an diesem Schritt gehindert. Nur sehr wenige meiner jungen Patienten können über ihre Sexualität sprechen. Einige lehnen Sex als etwas ab, das für sie ohne jegliche Bedeutung ist, als würde der neue Körper nach der Transition in ihrer Fantasie ein sicheres Paradies fernab von den Turbulenzen eines lebendigen sexuellen Körpers darstellen. Auch wenn die Forschung gezeigt hat, dass die physische Unterdrückung der Pubertät keine oder nur geringe bleibende physische Schäden hinterlässt, so ist doch eindeutig, dass die psychischen Auswirkungen irreversibel sind: Sobald eine Erfahrung der sexuellen Entwicklung unterbrochen wird, hat dies einen Einfluss auf die Psyche, der sich nicht rückgängig machen lässt. An dieser Stelle ist kein Raum für eine Diskussion darüber, was wir unter einer irreversiblen Veränderung verstehen, aber der Gedanke lohnt sich, dass in gewissem Sinne *alle* Veränderungen irreversibel sind (z.B. solche, die durch einen therapeutischen Prozess erleichtert wurden); denn jede Veränderung braucht Zeit und wir können den Fluss der Zeit nicht umkehren.

Deshalb ist Irreversibilität an sich kein ausreichendes Argument gegen eine Intervention; stattdessen müssten wir bedenken, dass die Umkehrbarkeit einer Veränderung »im Wesentlichen von den Fähigkeiten, Werten und Ressourcen des von der Veränderung betroffenen Individuums abhängt« (Pols & Romijn, 2017, S. 498). Dies ist ein wichtiger Teil des Beurteilungsprozesses, wenn medizinische Interventionen in Betracht gezogen werden.

In meiner klinischen Arbeit konnte ich feststellen, dass junge Menschen, die sich in der mittleren bis späten Adoleszenz (d.h., im Alter von 14 bis 21 Jahren) für eine umfassende medizinische Transition entscheiden, anscheinend mehr Schwierigkeiten haben als diejenigen, die sich dieser Transition später im Leben unterziehen. Diese Feststellung beruht natürlich nicht auf den Ergebnissen eines groß angelegten Forschungsprojektes mit entsprechenden Kontrollstudien, aber sie deckt sich mit meinen Beobachtungen und ich erwähne sie, um Diskussionen und weitere Kontrollstudien anzuregen. Diese Beobachtungen stehen im Widerspruch zu dem Argument, das üblicherweise von einigen Beratungsstellen für Geschlechtsidentität und Transgender-Aktivistengruppen vorgebracht wird: Ein früherer medizinischer Eingriff soll vorgeschlagen werden, um Kinder vor dem Schmerz zu bewahren, den das Leben in einem Körper verursacht, der nicht mit ihrer Identität übereinstimmt.

Von diesem Standpunkt aus betrachtet, bedeutet ein früherer medizinischer Eingriff, dass man mit größerer Überzeugung den Übergang in das Geschlecht, mit dem man sich identifiziert hat, »bewältigen« kann und so im späteren Leben weitere Operationen umgeht, die notwendig werden können, wenn die Entwicklung des geburtlichen Körpers nicht frühzeitig unterbrochen wurde.

Es gibt zwei Faktoren, die meine Beobachtungen untermauern. *Erstens*: Eine frühe Transition und das Aussetzen der Pubertät unterbrechen die *sexuelle* Entwicklung nicht nur hinsichtlich des körperlichen Aussehens, sondern auch in Bezug auf die Sexualität selbst als einen inneren psychischen Prozess, der einen wichtigen Teil der Identitätsentwicklung darstellt. Dies kann einen jungen Menschen verwirren, der versucht, seinen Körper zu verstehen und ihn in seine Selbstrepräsentation und Geschlechtsidentität zu integrieren. Zu dem Zeitpunkt, an dem sich diese jungen Menschen einer Operation unterziehen, sind sie oft ohne eigene Orientierung, sie haben, wenn überhaupt, nur wenig sexuelle Erfahrung und brechen möglicherweise kurz nach der Operation zusammen.

Zweitens: Eine frühe Transition kann die Illusion nähren, dass der rekonstruierte Körper der ursprüngliche Körper *ist*, wodurch der Teil der Geschichte einer Person ausgelöscht wird, der Bestandteil der Lebenserfahrung des »mitgegebenen« Körpers ist. Wenn die physischen und psychischen Veränderungen, die die Pubertät mit sich bringt, künstlich aufgeschoben werden, hat dies unausweichliche Folgen für die Psyche: Es findet keine Entwicklung statt und das Erfordernis, die Rhythmen des sich verändernden Körpers (die eine zeitliche Dimension haben) in die bestehende Repräsentation des Körpers des jungen Menschen zu integrieren – damit sie »auf den neuesten Stand gebracht« werden kann – entfällt. Stattdessen kann es zum Stillstand kommen.

Dies kann mit einem Bruch mit früheren Vorstellungen einhergehen, die ein junger Mensch von seinem Körper im Kopf hat. Ein solches Szenario birgt das unvermeidliche Risiko, dass omnipotente Fantasien über eine mögliche eigene Neugestaltung verstärkt werden, da die natürliche Entwicklung des Körpers und somit auch ein Trauerprozess über etwas umgangen wird, das sich nicht ändern lässt.

Im Gegensatz hierzu dient die spätere Transition, da sie auf mehr Erfahrung mit dem Leben im vorgegebenen Körper beruht – auch wenn sie oft die Quelle von Leid ist –, der Verankerung der Person in der Realität des rekonstruierten Körpers. Wenn dieses Ziel letztendlich verfolgt wird, kommt es meiner Erfahrung nach mit größerer Wahrscheinlichkeit zu einer besseren postoperativen Anpassung.

Paula ertrug wie andere Transgender-Personen, mit denen ich gearbeitet habe, viele Jahre lang Schmerzen und Einsamkeit wegen ihrer Geschlechtsdysphorie. Im Gegensatz zu vielen dieser jungen Menschen gehört sie jedoch zu einer neueren Gruppe von Transgender-Jugendlichen, die sich zu einem früheren Zeitpunkt als zuvor einer Intervention unterziehen können. Die Art und Weise, wie sich diese Heranwachsenden bei uns präsentieren, erfordert eine gründliche Beurteilung. Nehmen wir einen Fall wie den von Paula, werden wir auf die Komplexität solcher Beurteilungen aufmerksam, da wir es unweigerlich sowohl mit bewussten als auch unbewussten Motiven zu tun haben, die junge Menschen dazu veranlassen können, solche Eingriffe einzufordern. In solchen Fällen ist eine gründliche Beurteilung der *Psychodynamik* notwendig, um zu verstehen, wie sich medizinische Eingriffe auf die psychologische Entwicklung des jungen Menschen und auf seine Fähigkeit auswirken, den rekonstruierten in den vorgegebenen Körper zu integrieren. Auf diese Weise können wir den jungen Menschen dabei unterstützen, ein stabiles Gefühl für seine Identität zu entwickeln, das geschlechtliche oder sexuelle Fluidität nicht ausschließen muss.

Kapitel 5

Auf dem Weg zu einer psychoanalytischen, ethisch fundierten Praxis mit Transgender-Personen[13]

Die exponentielle Zunahme der Selbstidentifikation von Transgender-Personen, insbesondere bei jungen Menschen, lässt uns – wie ich im vorangegangenen Kapitel beschrieben habe – über eine ethische Antwort auf die Behauptung von Transgender-Personen nachdenken, dass medizinische Eingriffe ihr Wohlbefinden fördern. Diese Frage ist angesichts der unter 16-jährigen Jugendlichen wichtig, deren Fähigkeit, in derartige Eingriffe sinnvoll einzuwilligen, kürzlich im Vereinigten Königreich hinterfragt wurde (siehe Kapitel 4). Psychoanalytiker, die mit dieser jüngeren Altersgruppe arbeiten, äußern sich weiterhin besorgt über die Fähigkeit von Kindern und Jugendlichen, einer medizinischen Transition sinnvoll zuzustimmen. Viele Transgender-Jugendliche und ihre Eltern fühlen sich allerdings durch jede Entscheidung, die solche Eingriffe verzögert oder verhindert, unfair behandelt und diskriminiert – eine Art Gefängnisstrafe, die im Körper abgesessen wird.[14] Wir alle sollten beide Perspektiven im Auge behalten, unabhängig davon, wie wir zu der Frage stehen, ob eine Hormonbehandlung für junge Menschen ratsam ist oder nicht.

---

13 Teile dieses Kapitels basieren auf meinen Beiträgen zu dem Aufsatz: »To Be, or Not to Be?« Lemma und Savulescu (2021). Ich bin Prof. Julian Savulescu sehr dankbar für die Gelegenheit des Gedankenaustausches mit ihm über diese Fragen und für seine wertvollen Hinweise bei meinen Überlegungen und Schriften zu diesem Thema.

14 Siehe zum Beispiel Rowan Moores Kommentar in *The Observer* vom 31. Januar 2021, S. 51.

Zum Zeitpunkt der Arbeit an diesem Buch spiegelt die Position, die im Vereinigten Königreich vertreten wird, die Praxis in einigen europäischen Ländern und in den USA wider, wo Pubertätsblocker nach wie vor eine weit verbreitete Option darstellen. Für die meisten Jugendlichen sind sie der erste Schritt auf einem medizinischen Weg, von dem nur sehr wenige abweichen, sobald sie mit der Behandlung begonnen haben, wobei sie in der Regel auf Hormone des anderen Geschlechts umsteigen. Wie inzwischen hoffentlich klar wurde, gehe ich davon aus, dass es einige Menschen gibt, für die alles in allem eine medizinische Transition ihr Wohlbefinden fördert.

Dies anzuerkennen ist jedoch nicht dasselbe, wie die Meinung zu vertreten, dass wir deshalb einfach die Meinung einer Transgender-Person »akzeptieren« sollten, wenn sie behauptet, dass sie glaubt, sie werde sich dadurch besser fühlen. Es besteht eine unangenehme Spannung zwischen der gegenwärtigen weltweiten Hervorhebung der Parteinahme für Transgender-Personen und dem Anliegen der Psychoanalyse, die unbewussten Antriebe für unsere bewusst geäußerten Wünsche zu erforschen. Diese Spannung steht im Mittelpunkt dieses letzten Kapitels, das sich auf Bioethik und Psychoanalyse stützt.

Verdienste und Herausforderungen der Parteinahme für Transgender-Personen

Wir können die Frage, ob wir die Forderungen von Transgender-Personen »akzeptieren« sollten, aus zwei Blickwinkeln betrachten: Der eine ist offensichtlicher und lässt sich eher verallgemeinern, ist aber nicht weniger wichtig, der andere ist vielschichtiger und erlaubt daher keine Verallgemeinerungen. Ich werde zunächst auf die offensichtlichere Lesart eingehen, bevor ich eine komplexere Lesart von »Akzeptanz« untersuche.

Das Wort »akzeptieren« stammt aus dem Lateinischen *(accipere)* und bedeutet »empfangen«, »einlassen«, »zulassen«, »anhören«, »lernen« (Lewis & Short, 1879). Dies unterstreicht, dass das »Akzeptieren« des Erfahrungsberichts einer Person die Bereitschaft voraussetzt, diesen Bericht »mit ins Boot zu holen« und ihm Legitimität zu verleihen – was allerdings nicht bedeutet, dass wir den Bericht notwendigerweise als wahr oder einer alternativen Darstellung überlegen akzeptieren sollten. Die Entscheidung über einen medizinischen Eingriff, der mit Risiken verbunden ist, findet üblicherweise im Rahmen einer Beziehung statt, in der sich mindestens zwei Personen darum bemühen, zu verstehen, ob ein Eingriff im besten Interesse des Patienten ist. Eine konstruktive Beteiligung am Entscheidungsprozess mit jemandem, der eine medizinische Transition vornehmen möchte, hängt zum Teil von der Bereitschaft des Therapeuten ab, folgenden Ausgangspunkt zu »akzeptieren«: Die Aussagen der Transgender-Person haben eine gewisse Gültigkeit, wenn auch nur insofern, als sie ihr derzeitig wahrgenommenes Dilemma widerspiegeln – nicht zuletzt ist es der Körper, der verändert werden muss, um das Wohlbefinden zu verbessern. Dies mag selbstverständlich erscheinen. In der Vergangenheit hatten Transgender-Personen jedoch das Gefühl, dass ihre Aussagen völlig ignoriert wurden und sie Gegenstand einer »epidemischen Ungerechtigkeit« waren (d. h., wenn die Mitteilungen einer Person in den Kommunikationsprozessen unterbewertet werden) (Fricker, 2023 [2007]). Dies hat den Stress und die Stigmatisierung noch verstärkt, mit denen Transgender-Personen konfrontiert werden.

Die Ausbildung von Fachkräften des Gesundheitswesens im Hinblick auf gemeinsame Entscheidungsfindungen bildet ein Gegengewicht zu dem Paternalismus, der über lange Zeit die Beziehung zwischen Arzt und Patient dominierte. Trotz dieses Wandels werden die Berichte des Patienten, was ihn beunruhigt und/oder was er braucht, nicht immer für gleich wichtig erachtet wie die Berichte des Arztes. Dies liegt beispielsweise daran, dass die Annahme besteht, der Patient schätze die Ursache des Problems und/oder die Maßnahmen zur Verbesserung seines Wohlbefindens möglicherweise falsch ein. Der derzeitige Aktivismus der Transgender-Community ist eine Reaktion auf diese »Gefahr« und hat dazu geführt, dass in der Gesundheitsfürsorge ein Ansatz der »Parteinahme für Transgender-Personen« verfolgt wird.

Im ersten, engeren Sinne des Wortes »akzeptieren« können wir diese Änderung im Umgang mit den einzelnen Patienten nur als eine gute Entwicklung betrachten, die sie vor den negativen Auswirkungen einer epistemischen Ungerechtigkeit schützt. Aus psychotherapeutischer Sicht beginnt eine ethische Herangehensweise an die Fragestellung des Transgender-Patienten, ob er eine medizinische Transition anstreben soll oder nicht, mit der »Akzeptanz« seiner spezifischen Sichtweise auf eine mögliche positive Veränderung seiner Situation. Die Erkundung dieser Entscheidung aus verschiedenen Blickwinkeln ist jedoch ein wichtiger Teil bei dem Prozess der Unterstützung des Einzelnen bei seiner Entscheidung, die er nicht in voller Kenntnis der Sachlage trifft. Erkundung gehört zum Wesen aller Psychotherapien. Trotzdem wurde die »Parteinahme für Transgender-Personen« von einflussreichen Teilen der Transgender-Community (einschließlich der in diesem Bereich arbeitenden Fachkräfte) so interpretiert, dass sie jegliche Art der »Infragestellung« des selbst festgelegten Geschlechts einer Person und einer möglichen Unterstützung verbot. Dies hat zu Drohungen und tatsächlicher Gewalt gegen einzelne Personen geführt, die diesen Ansatz in Frage gestellt bzw. ihre Transition rückgängig gemacht haben, oder auch gegen Forscher, die versuchten, solche Fälle zu untersuchen.[15] Es hat bei Klinikern die Angst geweckt, als transphob zu gelten,

15 www.spiked-online.com/2019/02/22/my-battle-with-the-transgender-thoughtpolice/

wenn sie nicht für bare Münze nehmen, was die Transgender-Person über ihr Dilemma sagt (Brunskell-Evans & Moore, 2018). Diese Art der »Akzeptanz« ist also eine ganz andere Haltung, bei der Annahmen getroffen werden, die es zu überprüfen gilt, und auf die wir nun eingehen.

Wohlbefinden und medizinische Transition

Ein Grundprinzip der Bioethik besteht darin, dass Patienten Eingriffe angeboten werden sollten, die ihrem eigenen Wohl dienen. Dies beschränkt sich nicht länger auf Behandlungen, die ein medizinisches oder psychisches Leiden heilen, sondern umfasst jetzt auch Interventionen, die das psychische und/oder soziale Wohlbefinden einer Person verbessern (Savulescu, Sandberg & Kahane, 2011). Diese Verlagerung lässt uns darüber nachdenken, ob eine Intervention – wie die medizinische Transition – alles in allem besser für eine Person ist, wenn der psychosoziale Nutzen größer als die physischen Schädigungen ist.

Das Wohlbefinden eines Menschen bestimmt konzeptionell in zunehmendem Maße die gegenwärtigen ethischen Debatten, auch wenn keine allgemeine Übereinstimmung darüber herrscht, was das Wohlbefinden ausmacht, wie es in verschiedenen philosophischen und psychologischen Darstellungen über das Wohlbefinden zum Ausdruck kommt. Die philosophische Sichtweise, bei der das Wohlbefinden des Einzelnen oberste Priorität hat (»welfarist view«; Savulescu & Kahane, 2011), hat in den letzten zehn Jahren an Bedeutung gewonnen. Ich beziehe mich auf diesen Ansatz aus zwei Gründen. Er fordert uns erstens zum Nachdenken darüber auf, dass das Wohlbefinden von den Werten und Interessen des Einzelnen abhängt. Die Hervorhebung der Werte unterscheidet diese Sichtweise von anderen Konzepten über das Wohlbefinden, wie zum Beispiel den Theorien, die auf »objektiven Listen« basieren und bestimmte, für das Wohlbefinden wesentliche »Güter« (z.B. Freundschaft) identifizieren. Der zweite Grund ergibt sich aus dem ersten: Überlegungen darüber, was das Beste für eine Person ist, stellen andere umstrittene und schlecht definierte Begriffe wie Normalität oder Gesundheit infrage. Dies veranlasst uns, Anträge auf medizinische Transition in Bezug auf das wahrscheinliche Wohlbefinden der einzelnen Person, die eine Veränderung ihres Körpers vornimmt, zu untersuchen anstatt uns darauf zu konzentrieren, wie sich die beantragte Körperveränderung auf das sogenannte normale Funktionieren oder die Gesundheit auswirkt. So zeigt das Modell, bei dem das Wohlbefinden oberste Priorität hat, am deutlichsten die Spannung zwischen dem Machtanspruch, der sich hinter der medizinischen und psychologischen »Fachkompetenz« über ein gelingendes Leben verbirgt, und dem Recht des Einzelnen, sich für das zu entscheiden, was er aufgrund seiner individuellen Werte für das Beste hält.

Werte sind idiosynkratisch und subjektiv, weswegen Entscheidungen darüber, was das Beste ist, nur von Fall zu Fall getroffen werden können.

Manche Menschen halten die erheblichen Risiken, die mit einer medizinischen Transition verbunden sind, für akzeptabel. Aus subjektiver Sicht können wir ein starkes Argument dafür vorbringen, die Aussagen einer Transgender-Person darüber, was ihr Leben besser machen wird, zu akzeptieren. Doch selbst wenn wir diese Aussagen über ihr Wohlergehen im Sinne des genannten Models als wesentlichen Ausgangspunkt nehmen und akzeptieren, dass die Transgender-Person wirklich an Geschlechtsdysphorie leidet, müssen wir immer noch prüfen, ob die Selbstdiagnose (»Ich leide an Geschlechtsdysphorie«) zutrifft und eine medizinische Intervention mit größerer Wahrscheinlichkeit die erwarteten Vorteile bringt:

> »Genauso wie es nicht zulässig wäre, eine Mastektomie bei jemandem durchzuführen, der bei sich selbst Brustkrebs diagnostiziert hat, aber in Wirklichkeit Darmkrebs hat, wäre eine geschlechtsangleichende Operation bei jemandem nicht zulässig, der sich selbst als Transgender-Person identifiziert, aber stattdessen seine Homosexualität nicht akzeptieren kann.« (Lemma & Savulescu, 2021, S. 3)

Wenn wir diesen Gedankengang beispielsweise auf junge Transgender-Personen übertragen (darunter verstehe ich alle Personen unter 25 Jahren), liegen uns vier Forschungsstränge und Daten vor (siehe Kapitel 2). Sie fordern uns zumindest zu einer sorgfältigen Prüfung der Frage auf, ob die eigene Attestierung als Transgender-Person möglicherweise andere, tiefer liegende psychische und/oder soziale Probleme widerspiegelt, die durch eine Transition nicht gelöst werden können. Erstens gibt es übereinstimmende Belege dafür, dass eine Identifizierung mit dem anderen Geschlecht in der Kindheit sehr wahrscheinlich ein Anzeichen für eine homosexuelle Orientierung im Erwachsenenalter ist. Manche Menschen halten es für akzeptabler, ja sogar für »sicherer«, sich als transgender anstatt als homosexuell zu identifizieren. Es besteht die Gefahr, dass wir bei einer liberalen Haltung gegenüber Transgeschlechtlichkeit die Auswirkungen einer verinnerlichten Homophobie außer Acht lassen. Wir müssen sicherstellen, dass wir eine Transgender-Identität nicht in den Fällen bestätigen, in denen eine Person stattdessen Unterstützung braucht, um ihre sexuelle Orientierung zu erkunden und sich mit ihr wohlzufühlen (Bartosch, 2018). Wie wir in Kapitel 1 gesehen haben, sind zweitens Kinder mit Autismus-Spektrum-Störungen (ASS) in den Beratungsstellen für Geschlechtsidentität überrepräsentiert. Da Menschen mit ASS auch eher mit Unsicherheiten zu kämpfen haben, sind sie aufgrund ihrer Vorliebe für eindeutige Antworten möglicherweise nicht optimal auf die komplexen Fragen rund um die Geschlechtsidentität vorbereitet, was durch die sogenannte Akzeptanz als Transgender-Person unbewusst verstärkt werden könnte.

Drittens, geburtsgeschlechtliche Mädchen werden zurzeit ebenfalls überproportional häufig an Beratungsstellen für Geschlechtsidentität überwiesen. Dies wirft die Frage auf, welche Rolle soziale Prozesse bei der Zunahme der Überweisungen von geburtsgeschlechtlichen Mädchen spielen könnten. Viertens, die Zahl der Personen steigt, die eine medizinische Transition vornehmen lassen und ihre Entscheidung jetzt bereuen (Entwistle, 2020). Es tauchen auch Berichte über die therapeutische Arbeit mit Personen auf, die ihre Transition rückgängig machen wollen (Detransition) (Levine, 2018). Ein ehemaliger Transgender-Mann hat im Vereinigten Königreich ein eigenes Netzwerk für Detransition gegründet (Detransition Advocacy Network).[16] Diese Berichte legen nahe, dass einige junge Transgender-Personen das Gefühl haben, nicht ausreichend ermutigt worden zu sein, die Gründe für ihren Wunsch nach einer Transition zu erforschen, was zu späterem Bereuen führt. Bereuen ist ein komplexer psychologischer und philosophischer Begriff, auf den ich an dieser Stelle nicht näher eingehen kann. Der Hinweis möge genügen, dass wir alle einige unserer Entscheidungen ständig bereuen. Späteres Bereuen über eine Transition können wir also nicht als direkten Beweis dafür werten, dass die Transition *zum Zeitpunkt der Entscheidung* zwangsläufig falsch war. Trotzdem lassen uns Erfahrungen des Bereuens darüber nachdenken, was wir aus ihnen lernen können: Wie können wir Menschen am besten unterstützen, die vor schwierigen Entscheidungen stehen, die mit Risiken und ungewissem Ausgang verbunden sind? Insgesamt weisen diese vier Datenstränge darauf hin, dass wir die moralische Pflicht haben, zu prüfen, ob es psychische, soziale und/oder kulturelle Zwänge gibt, die die Entscheidung des Einzelnen für eine Transition beein-

16 www.detransadv.com.

flussen. Nur so können wir sicherstellen, dass es sich – wenn dieser Weg eingeschlagen wird – um eine autonome Entscheidung handelt.

»Akzeptanz«, Autonomie und das Unbewusste

Im vorangegangenen Abschnitt habe ich dargelegt, dass ein wichtiger Grundsatz der Bioethik darin besteht, dass ein Eingriff zum Wohl des Patienten erfolgen sollte. Ein ebenso wichtiger ethischer Grundsatz lautet: Patienten sollten ihre eigene *autonome* Entscheidung in Bezug auf alle ihnen angebotenen Eingriffe treffen. Autonomie bedeutet Selbstbestimmung. Es geht darum, seine eigenen Werte zu bilden und aus einer Reihe von Optionen diejenige auszuwählen, von der man glaubt, sie sei für das eigene Leben am besten. Autonomie wurde in der Ethik und Moralphilosophie auf unterschiedliche Weise definiert, und es würde den Rahmen dieses Kapitels sprengen, diese umfangreiche Literatur aufzuarbeiten. Nichtsdestoweniger heben mehrere Definitionen zwei für diese Diskussion besonders relevanten Merkmale von Autonomie hervor: »das Verstehen« und »das Fehlen kontrollierender Einflüsse« (z.B. Beauchamp & Childress, 2013).

Autonomie erfordert ein Konzept und ein Verstehen des Selbst, das heißt, des Wesens, auf das sich die Entscheidung auswirkt. So wie ich den Begriff hier verwende, beschränkt sich Verstehen nicht auf das kognitive Verstehen medizinischer Fakten wie etwa Risiken, sondern umfasst auch das Verstehen der eigenen Person. Freud (1910) betonte immer wieder, dass es sich hierbei um ein Verstehen dessen handelt, wer wir sind, was wiederum auf weit mehr als einem intellektuellen Verstehen der für eine Entscheidung relevanten Fakten beruht. Freud war der Meinung, dass »der Einfluss [eines rein intellektuellen Verstehens auf eine Entscheidungsfindung] so groß ist wie die Verteilung von Speisekarten auf Hunger in einer Zeit der Hungersnot«.

Wir können nur dann rationale, fundierte Entscheidungen treffen, wenn wir über alle hierfür relevanten Fakten verfügen und die möglichen Folgen einer potenziellen Entscheidung für uns kennen. In der angewandten Ethik bezieht sich typischerweise der Zustand, »im Besitz aller verfügbaren relevanten Fakten zu sein« (Savulescu, 1994, S. 191) auf bewusste Fakten und Informationen. Aus psychoanalytischer Sicht würden wir allerdings ergänzen wollen, dass diese Fakten außerdem mögliche *unbewusste* Antriebe (z.B. Wünsche oder unverarbeitete Traumata) berücksichtigen sollten (Lemma, 2020; Lemma & Savulescu, 2021).

In gewisser Weise muss autonomes Handeln sowohl von äußeren Umweltfaktoren als auch von inneren Kräften unabhängig sein:

> »Unsere bewussten Entscheidungen werden möglicherweise durch einflussreiche, von vorneherein festgelegte Beweggründe eingeschränkt, die uns bei der Entscheidungsfindung nur durch deren Reflexion und Bewertung zweiter Ordnung helfen können.« (Lemma & Savulescu, 2021, S. 6)

Was wir uns am meisten wünschen, ist möglicherweise nicht bewusst zugänglich. Sich eines unbewussten Wunsches oder Motivs bewusst zu werden bedeutet, dieses Motiv oder diesen Wunsch als den eigenen zu erleben. Auf diese Weise können wir beurteilen, ob wir ihm nachgehen oder ihn ignorieren wollen. Sobald der Einzelne in der Lage ist, unbewusste Einflüsse bewusst zu reflektieren, kann er Maßnahmen ergreifen, um deren Auswirkungen auf seine Entscheidungen zu reduzieren. Mit anderen Worten: Unbewusste Faktoren stellen zwar eine Bedrohung für die Autonomie dar, wenn wir uns aber auf einen selbstreflexiven Prozess einlassen, haben wir mehr Möglichkeiten, ihrem Einfluss entgegenzuwirken: »Je besser wir das Ausmaß unserer unbewussten Motive und Einflussfaktoren sowie die Mechanismen der Beeinflussung verstehen, desto leichter fällt es uns, autonom zu handeln.« (Lemma & Savulescu, 2021, S. 6)

Gedo stellte fest: »Was im Leben am meisten Sinn macht, lässt sich nicht unbedingt in Worte fassen.« (1986, S. 206)

> »Dies hat wichtige Auswirkungen darauf, wie wir Autonomie und Zustimmung zu einer Entscheidung verstehen können. Wenn, wie die Psychoanalyse nahelegt, unser gegenwärtiges Verhalten unbewusst von wiederkehrenden relationalen und affektiven Strukturen geprägt ist, die sich auf das Erleben unseres Selbst, unserer Wünsche und unserer Entscheidungen auswirken, dann ist unsere Fähigkeit, in medizinische Eingriffe einzuwilligen, potenziell in Frage gestellt, es sei denn, wir können uns dieser Muster selbstreflexiv bewusst werden. Unsere Autonomie wird gestärkt [...], wenn wir drei implizite relationale und affektive Muster berücksichtigen, die unsere Erfahrung darüber prägen, wer wir sind und wer wir unserem Empfinden nach sein *sollten.* Diese Muster zu verstehen, erfordert Zeit und den Dialog mit Anderen, die uns helfen können, unser Unbewusstes zu entschlüsseln.« (Lemma & Savulescu, 2021, S. 6)

Eine medizinische Transition ist meines Erachtens nur dann ethisch zulässig, wenn die Bedingungen, unter denen eine Entscheidung darüber getroffen wird, ob diese Option(en) weiterverfolgt werden soll(en), die Auseinandersetzung des Einzelnen mit seinen Motiven und Bestrebungen erleichtern und erweitern. Der Raum, den die psychoanalytische Therapie zur Reflexion bietet, ist ein gutes Beispiel für die Art und Weise des konstruktiven Dialogs, der die Autonomie bei der Entscheidungsfindung unterstützen kann, da er sich sowohl auf bewusste als auch auf unbewusste Prozesse konzentriert, wie ich anhand von Sams Fall veranschaulichen werde. Bei dieser Art von Dialog geht es nicht darum, dass sich der Patient, was seine »wahren« Gefühle betrifft, der Sichtweise des Therapeuten unterordnet, vielmehr geht es darum, ihm zu helfen, seine eigenen komplexen Motivationen und manchmal widersprüchlichen Wünsche besser zu verstehen.

Sams Fall[17]

Sam, ein geburtsgeschlechtliches Mädchen, beschloss in der mittleren Adoleszenz, eine Geschlechtsumwandlung von einer Frau in einen Mann vornehmen zu lassen. Seine Eltern unterstützten diese Entscheidung von ganzem Herzen. Sie sagten, Sam sei schon immer jungenhaft gewesen, und waren besorgt darüber, wie depressiv er geworden war, was die Eltern mit seiner Körperdysphorie in Verbindung brachten.

Sam durchsuchte das Internet nach Informationen über seine Schwierigkeiten und fand Trost in den Berichten, die er auf Trans-Websites las. Nach drei Konsultationen bei einem Spezialisten für Genderfragen bekam Sam Hormone des anderen Geschlechts; außerdem änderte er seinen Namen.

Zunächst verbesserte sich Sams Stimmung. Er fühlte sich der Transgender-Community, mit der er online in Kontakt war, sehr verbunden. Dies linderte seine Isolation etwas. Ein Jahr, nachdem er im Alter von 17 Jahren mit der Einnahme von Hormonen des anderen Geschlechts begonnen hatte, nahm Sam jedoch eine schwere Überdosis und wurde in eine stationäre Einrichtung eingewiesen. Erst zu diesem Zeitpunkt wurde er an mich überwiesen, um psychologische Unterstützung zu erfahren.

In der Therapie stellte sich schnell heraus, dass Sams viel älterer Bruder bei einem Unfall ums Leben gekommen war, als Sam noch ein sehr kleines Kind war. Der Bruder war in der Familie immer sehr präsent gewesen und Sam dachte, dass seine Mutter ihn bevorzuge. Er hatte das Gefühl, seine Mutter habe sich nie wirklich von diesem tragischen Verlust erholt. Sam erzählte, wie sehr er sich bemüht hatte, es ihr recht zu machen, und wie erschüttert er war, als er merkte, ihren Verlust nicht lindern zu können.

---

17 Die Zusammenfassung dieses Falles ist auch in Lemma und Savulescu (2021) erschienen.

Sam erinnerte sich nicht daran, dass er als kleines Kind ein Junge sein wollte, aber er wusste noch genau, dass er sich sehr für typisch »männliche« Sportarten interessierte (wie auch sein Bruder) und lieber mit Jungen spielte, was ihn von den Mädchen in der Schule entfremdete. Die Eltern hatten Sam erzählt, er habe – als er die Grundschule besuchte – den starken Wunsch geäußert hatte, als Junge geboren worden zu sein. Sam konnte sich nicht daran erinnern, ihnen dies gesagt zu haben, aber zu Beginn der Therapie hielt er unerschütterlich daran fest, dass er sich immer so gefühlt habe. Die Widersprüche in seiner Erzählung waren auffällig.

Als Sam sich schließlich dafür entschied, eine Transition vornehmen zu lassen, waren seine Eltern sehr hilfsbereit. Sam erinnerte sich, dass er sich ihnen näher fühlte als je zuvor. Er hatte den Eindruck, dass sie – vor allem seine Mutter – insgesamt glücklicher waren. Mit der Zeit wurde deutlich, dass die Entscheidung für die Transition eine Nähe zwischen ihm und seiner Mutter ermöglichte, nach der er sich immer gesehnt hatte.

Sams Eltern hatten anscheinend seine Entscheidung sehr unterstützt und beschleunigten sogar den Prozess der Hormoneinnahme. Sie führten seinen Selbstmordversuch ausschließlich auf die Geschlechtsdysphorie zurück. Dieser Glaube bestärkte sie in ihrer Ansicht, dass er sich so bald wie möglich einer vollständigen Transition unterziehen sollte. Nach Sams eigener Schilderung der Ereignisse, die zu dem Selbstmordversuch führten, schien allerdings kein offensichtlicher Zusammenhang zu der Geschlechtsdysphorie zu bestehen.

Vielmehr schienen Sams Gefühle der Verzweiflung und Wut den Selbstmordversuch ausgelöst zu haben. Die Eltern waren von einem wichtigen Ereignis in seinem Leben ferngeblieben, da es mit dem Todestag seines Bruders zusammenfiel, den sie immer begingen und um den herum sich Sam häufig äußerst unwohl fühlte.

Sam hatte nur sehr wenige Erinnerungen an seinen Bruder. Gelegentlich ärgerte er sich über die ständige Anwesenheit des Bruders und seinen privilegierten Platz in den Gedanken seiner Mutter. Solche Gefühle wichen unweigerlich Selbstvorwürfen, da er das Gefühl hatte, dass er »kein Recht hatte, einen toten Menschen zu hassen«. Sam wurde von Schuldgefühlen geplagt, weil er seinen Bruder überlebt hatte, aber auch von Schuldgefühlen wegen seines Grolls auf ihn, den er empfand, weil der Bruder den gesamten mentalen Raum seiner Eltern in Anspruch nahm, den Sam für sich beanspruchen wollte.

Im Rahmen der Therapie wurde klar: Die einzige Möglichkeit, von seinen Eltern »gesehen« zu werden, bestand für Sam darin, durch eine Transition tatsächlich ihr Sohn zu werden. Doch ungeachtet der Tatsache, dass die medizinische Transition in Angriff genommen wurde, war Sam bald damit konfrontiert, dass er seinen Bruder faktisch nicht ersetzen konnte. Dies wurde ihm schmerzlich bewusst, als seine Eltern ihre Teilnahme an einer Feier, bei er im Vordergrund stand, absagten, weil sie mit dem Todestag seines Bruders zusammenfiel. Der Selbstmordversuch bot Sam eine weitere Möglichkeit, seinen Körper einzusetzen, um die Aufmerksamkeit seiner Eltern auf seine Existenz und seine Bedürfnisse zu richten. Aber ihre Fehldeutung der Gründe für seinen Selbstmordversuch führte dazu, dass Sam sich gefühlsmäßig noch weiter von ihnen entfernte und nicht wusste, ob er sich einer Transition unterziehen solle.

Die Zeit nach dem Selbstmordversuch war von einer Reihe von Krisen, einem Bruch in der Beziehung zu seinen Eltern und einem langwierigen depressiven Zustand geprägt, der von Irritationen hinsichtlich seiner Identität und der Unsicherheit gekennzeichnet war, ob er die richtige Entscheidung getroffen hatte, die Transition in Angriff zu nehmen. Als die Familiendynamik in Worte gefasst werden konnte, trat die Geschlechtsidentität als Problem oder Lösung in den Hintergrund. Der Fokus richtete sich stattdessen auf die Verzweiflung und den Groll gegenüber seinen Eltern, da sie seinem Empfinden nach seine Bedürfnisse vernachlässigten.

Es liegt auf der Hand, dass nicht alle Personen, die den Wunsch nach einer Transition äußern, tiefer liegende psychologische Probleme haben, die nichts mit ihrer Geschlechtsidentität als solcher zu tun haben.

Fälle wie der von Sam fordern uns dennoch zum Nachdenken auf, wie unsere medizinischen und therapeutischen Überlegungen am besten Raum für Reflexion gewährleisten können, wenn das, was oberflächlich betrachtet eine gut durchdachte Entscheidung zu sein scheint, nur die Spitze eines Eisbergs von Bedeutungen und psychischen Bedürfnissen ist, die durch eine medizinische Transition nicht erfolgreich erfüllt werden können. Dies hat wichtige Auswirkungen auf die Einschätzung eines Falles: Was für eine bestimmte Person insgesamt besser ist, sollte nicht nur das umfassen, was sie *bewusst* über die Verbesserung ihres Befindens äußert, sondern auch die Chance bieten, die möglichen unbewussten intrapsychischen und soziokulturellen Wirkkräfte im Hintergrund zu erkunden, die deren Selbstdiagnose beeinflussen und Druck auf die Entscheidungen einer Person ausüben könnten, wodurch die Autonomie untergraben wird.

Sams Fall unterstreicht die Komplexität der Beurteilung der Autonomie und somit der Zustimmung zu einer Transition, wenn wir den systemischen und intrapsychischen unbewussten Druck auf die Selbstwahrnehmung und Identitätsentwicklung einbeziehen. Sam schien in erster Linie von dem Wunsch getrieben zu sein, im Bewusstsein seiner Eltern (insbesondere seiner Mutter) einen Platz einzufordern, den seiner Meinung nach sein verstorbener Bruder einnahm. Unbewusst entschied er sich hierfür, indem er sich als Junge identifizierte und sich dann um eine Transition bemühte, um seinen Bruder ersetzen zu können. Auch wenn seine Familie ihn nicht bewusst zu einer Geschlechtsumwandlung zwang und es ihnen allen verständlicherweise schlecht ging, könnte man argumentieren, dass die Transition unbewusst unterstützt wurde, um den verlorenen Sohn zurückzugewinnen. Auf diese Weise kann systemischer Druck potenziell dazu dienen, die Anpassung an unbewusste Bedürfnisse zu erzwingen, die dem Wohlbefinden einer Person zuwiderlaufen.

Sams Fall können und sollten tatsächlich Fälle gegenübergestellt werden, die zeigen, dass die medizinische Transition alles in allem besser für eine Person war, wie ich später anhand meiner Arbeit mit Kay illustrieren werde. Die Tatsache jedoch, dass für manche Menschen die Transition eine Verbesserung ihrer Situation bedeuten kann, ist kein Argument gegen eine gründliche Untersuchung der Beweggründe für den Wunsch nach einer Geschlechtsumwandlung; so können wir sicherstellen, dass die getroffenen Entscheidungen als im Wesentlichen autonom und unabhängig von kontrollierenden Kräften gefällt wurden. Wer die Erkundung unbewusster Faktoren verwirft, schafft ein Klima, das – wie der Fall von Sam zeigt – unwissentlich potenziellen Schaden anrichten kann, anstatt ihn zu verringern.

Transgeschlechtlichkeit als Anpassung an ein Trauma: Kays Fall

In einigen Fällen sind eine Transgender-Identifikation und die Entscheidung, den Körper zu verändern, eindeutig mit traumatischen Ereignissen verbunden. Als Psychoanalytiker neigen wir dazu, uns mit den Traumata auseinanderzusetzen, weil wir hoffen, dass dadurch der Druck, körperlich zu agieren, abgebaut werden kann. Die Auseinandersetzung mit den Traumata ist von zentraler Bedeutung. Fälle wie der von Kay lassen den Kliniker jedoch darüber nachdenken, dass Einsicht möglicherweise nicht ausreicht, um die Notwendigkeit einer Körpermodifikation zu hinterfragen, oder anders ausgedrückt: Einsicht bietet eine Grundlage zur Beurteilung, ob die Körpermodifikation für das Individuum noch einen Wert darstellt – einen Wert, der nur im Verhältnis zu seinem Wertesystem und seinen psychischen Bedürfnissen beurteilt werden kann, wie ich in wenigen Worten am Fall von Kay aufzeigen werde.

Vor einigen Jahren kam Kay, damals Mitte zwanzig, zu mir, weil sie sich einer beidseitigen Mastektomie unterziehen wollte, damit ihr von Geburt aus weiblicher Körper mit ihrem subjektiven Gefühl einer Transgender-Identität übereinstimme. Kay war depressiv und hatte in vielen Bereichen ihres Lebens Probleme. Sie beschrieb sehr ausführlich, dass sie sich in ihrem Körper äußerst unwohl fühle und das Gefühl habe, dass sie – wie sie es ausdrückte – seit ihrer Kindheit ihre »weibliche Form« nicht mochte. Sie bezeichnete sich selbst als »genderfluid«, obwohl sie sich als »Transgender-Person« identifizierte, und sagte, sie habe sich immer gewünscht, als Junge geboren worden zu sein. Mit der Zeit verstand Kay den Ursprung ihres körperlichen Unbehagens und konnte es mit traumatischen Ereignissen in ihrer Kindheit in Verbindung bringen. Im Laufe der Therapie erforschte sie die Beweggründe für ihren Wunsch nach einer Operation und erkannte, dass manche Menschen dies als extreme Maßnahme ansehen könnten, aber für sie fühlte es sich ganz »natürlich« an. Sie hatte das Gefühl, die Operation würde ihr helfen, sich in ihrem Körper eher als »ich selbst« zu fühlen.

Kay fühlte sich bei der Vorstellung von sich selbst mit einer flachen Brust »besser« – sie fühlte sich selbstbewusster und stärker mit ihrem Ich verbunden. Sie konnte sich vorstellen, dass sie sich anders gefühlt hätte, hätte sie nicht die Kindheit gehabt, die sie hatte, aber sie dachte, dies sei unerheblich: Ihre Vergangenheit hatte nicht nur das geprägt, was sie nicht mochte (ihre Brüste), sondern auch das, was sie mochte (einen flachen Busen zu haben und androgyn auszusehen). Sie war sich über die Risiken einer Operation im Klaren und auch darüber, dass sie diese möglicherweise bereuen würde, aber für sie war die Operation es wert, diese Risiken einzugehen.

Nach zwei Jahren Psychotherapie mit zwei Sitzungen pro Woche entschied sich Kay, eine beidseitige Mastektomie durchführen zu lassen. Kay sagte, sie habe keine Zweifel daran, dass der chirurgische Eingriff für sie die richtige Entscheidung sei. Sie sei sich bewusst, dass ich ihr helfen wolle, diese Entscheidung weiter zu erforschen, aber was sie betreffe, habe sie zwei Jahre mit der Entscheidungsfindung verbracht und ihre Entscheidung nicht geändert. Sie sagte, sie fühle sich jetzt insgesamt besser und sei zufrieden, dass wir ihre Beweggründe »aus allen möglichen Blickwinkeln« beleuchtet hätten. Ich stellte fest, dass sie etwas verärgert darüber war, was sie (sehr genau) als meine Präferenz bezüglich weiterer Erkundungen empfand.

Als ich über meine Arbeit mit Kay nachdachte, wurde ich plötzlich mit der Tatsache konfrontiert, dass ich sie vor einer Entscheidung bewahren wollte, mit der *ich* offensichtlich haderte. Wir alle haben feste Ansichten und starke Gefühle in Bezug auf die Veränderung des so genannten gesunden oder natürlichen Körpers. Wie ich in der Einleitung betonte, ist unser Verhältnis zu diesen Begriffen (gesund, natürlich...) und dem, wofür sie kulturell und intrapsychisch stehen, komplex. Dies erfordert eine sorgfältige und ständige Überprüfung unserer Vorstellungen, wenn wir mit Patienten arbeiten, die ihren Körper verändern wollen.

Kay forderte mich heraus, ihre Entscheidung für eine Operation als »bewusste Anpassung« zu verstehen, als Anpassung an die Person, als die sie sich angesichts ihrer Geschichte selbst erlebte und die sie sein wollte. Kay war mit ihrer traumatischen Geschichte und deren Einfluss auf die Beziehung zu ihrem Körper verbunden, aber in ihrer Fantasie gab ihr die Repräsentation ihres flachbrüstigen Körpers ein Gefühl der Sicherheit und des Selbstbewusstseins, und aus diesem Grund wünschte sie sich diesen Körper. Die projizierte körperliche Repräsentation »des zukünftigen Körpers« (ein flachbrüstiger Körper, der keine »sexy«, sondern eine »starke Frau« signalisierte), im Gegensatz zu einem Körper, in den die Erinnerung an das Trauma eingeschrieben war (ein weiblicher Körper, nach Kays

Empfinden), war eine wichtige, adaptive Abwehr der traumatischen Umstände in ihrer frühen Kindheit. Diese klinische Präsentation unterscheidet sich von einer traumatischen Anpassung, bei der sich ein Patient der anhaltenden Auswirkungen des Traumas auf seine Entscheidungen nicht bewusst ist. In Kays Fall versteht sie die Zusammenhänge zwischen dem Trauma und dem Wunsch, ihren Körper zu modifizieren (d. h., sie leugnet ihren Wunsch nicht), trotzdem ist sie entschlossen, die Modifikation ihres Körpers voranzutreiben.

Es war wichtig, Kays Entscheidung nicht als Inszenierung einer Omnipotenzfantasie zu deuten, in der sie sich selbst nach ihren eigenen Vorstellungen neugestaltete, sondern als integrierende bewusste Fantasie, die ihr Selbst zusammenhält. Kay war realistisch hinsichtlich des Ergebnisses einer Operation. Eine andere Patientin hätte sich vielleicht dafür entschieden, weitere Erkundungen vorzunehmen, aber Kay entschied sich für eine Operation, obwohl sie sich ihrer Vorgeschichte und der mit ihrer Entscheidung verbundenen Risiken bewusst war. Kays Entschluss fordert uns heraus: Wir müssen anerkennen, dass eine Person eine bewusste Entscheidung für eine Körperform treffen kann, die ihrer Vorstellung entspricht, ihr Sicherheitsgefühl stärkt und ihre Anpassung an die Außenwelt gewährleistet, sodass eine Operation für sie ihren Preis wert ist. Kays Fall zeigt, wie – trotz der Verringerung des ursprünglichen Konflikts, der die traumatische Anpassung ausgelöst hat – Abwehrmechanismen, die einst für das psychische Überleben wesentlich waren, fortbestehen und eine hinreichende Anpassung an die äußere Realität unterstützen können (Joffe & Sandler, 1968). Es ist wichtig, diesen Unterschied klinisch zu verstehen.

Hätte meine Arbeit mit Kay zu dem Zeitpunkt aufgehört, als sie sich für eine Operation entschied, würde ich mich vermutlich immer noch fragen, ob Kay die *für sie* bestmögliche Entscheidung getroffen hatte oder ob ich ihr einfach nicht genug helfen konnte. Nach der Operation blieb Kay aber noch weitere vier Jahre in Therapie.

Ich konnte beobachten, dass die Operation ihr half, sich in ihrem Körper zu Hause zu fühlen und seine Geschichte zu integrieren. Sie war in der Lage, endlich eine enge sexuelle Beziehung zu genießen und sich in größeren Gruppen wohler zu fühlen, außerdem entwickelte sie eine erfüllende berufliche Laufbahn.

Bei Patienten, die ihren Körper mehr oder weniger extrem modifizieren wollen, hilft es uns, wenn wir uns vor Augen halten, dass die vom Therapeuten favorisierte Sichtweise auf das, was ein gelingendes Leben ausmacht, der Sichtweise des Patienten widersprechen kann. Den Körper zu verändern bedeutet nicht notwendigerweise, die inneren Objektbeziehungen, die die subjektive Erfahrung des Embodiment prägen, zu leugnen oder in omnipotenter Weise über sie zu triumphieren. Die Veränderung des Körpers bot Kay die Möglichkeit, sich an ihre Geschichte anzupassen – und nicht, sie zu verleugnen –, und die Therapie half ihr, eine Entwicklungsstufe zu erreichen, auf der sie dem von ihr gewünschten medizinischen Eingriff sinnvoll zustimmen konnte.

Natürlich könnte eine Anpassung auch ganz anders aussehen, aber dann würden wir nicht von Kay, sondern von einer anderen Person reden. Das ist der entscheidende Punkt: Wir müssen uns auf jeden Patienten individuell einlassen, ohne ein vorher festgelegtes Ergebnis im Hinterkopf zu haben.

Im Idealfall ist es dies, wonach die Psychoanalyse strebt. Aber ich beobachtete bei mir selbst und bei Kollegen, dass Entscheidungen des Patienten, den Körper zu verändern, provokativ sein können und den Therapeuten mit einer Spannung zwischen seinen Werten sowie seiner Definition von psychischer Gesundheit und den Wünschen sowie den Werten des Patienten konfrontieren. Es besteht dann die Gefahr, dass bei der Formulierung einer realisierbaren Identität die Worte, Werte und Intentionen des Patienten nicht gleich gewichtet werden wie die des Therapeuten (Lemma, 2020; Wren, 2020).

Wegweiser

Wir sollten uns vor der »moralischen Panikmache« in Acht nehmen, die gegenwärtig mit dem Aufkommen der Transgender-Identifizierungen einhergeht. Ebenso müssen wir – auch wenn die medizinische Transition das Wohlbefinden von Transgender-Personen potenziell verbessern kann – unterscheiden zwischen den lobenswerten Zielen der Vermeidung von Vorurteilen sowie des Schutzes des Selbstbestimmungsrechts von Transgender-Personen einerseits und den unbeabsichtigten Folgen einer »vorurteilslosen Parteinahme« für sie andererseits. Ein an Neuem interessierter Ansatz sollte uns vor der Möglichkeit schützen, epistemische Ungerechtigkeiten zu begehen, gleichzeitig fördert neugierige Selbsterforschung autonome Entscheidungen. Zwischen dem »Akzeptieren« einer Transgender-Identifikation und ihrer Pathologisierung liegt die äußerst differenzierte Arbeit, die darin besteht, deren Bedeutung und Funktion für jeden Einzelnen herauszuarbeiten, damit die Entscheidung für oder gegen eine medizinische Transition als autonom bezeichnet werden kann.

Die Bestätigung dessen, was eigentlich nicht der Wahrheit entspricht, untergräbt Autonomie. Wenn ein Patient eine falsche Vorstellung von seinem Zustand hat, ist die Entscheidung – was seine Behandlung betrifft – beeinträchtigt (Beauchamp & Childress, 2013):

> »Die Entscheidung für eine Transition kann kein Ausdruck von Autonomie sein, wenn sie auf einem falschen Narrativ beruht, das eine Person daran hindert, die Hilfe und Ressourcen in Anspruch zu nehmen, die dem Zustand, der ihr Wohlbefinden in Wirklichkeit untergräbt, angemessen sind. Die *aktuellen* Wünsche einer Person, egal, wie stark sie empfunden werden, sind nicht immer ein zuverlässiges Indiz dafür, was ihr Wohlbefinden verbessern wird. Im Gegenteil, wer sich *langfristig* auf einen psychotherapeutischen Prozess einlässt, kann neue Möglichkeiten

> für ein größeres Wohlbefinden entdecken, als es durch eine (verfrühte) Transition möglich wäre.« (Lemma & Savulescu, 2021, S. 7)

Im gegenwärtigen kulturellen Klima können Online-Transgender-Lobbygruppen erheblichen Druck auf Menschen ausüben, die verletzlich sind und verzweifelt nach einer Lösung für ihren psychischen Schmerz suchen. Die Akzeptanz ihres Transgender-Narrativs kann dazu führen, dass eine Person sich vorübergehend besser fühlt, aber deshalb ist das Narrativ weder in einem absoluten Sinne wahr, noch fördert es zwangsläufig ein längerfristiges Wohlbefinden. Vieles, zum Beispiel die Einnahme von Drogen, kann dazu führen, dass wir uns kurzfristig besser fühlen, aber aufgrund dieses kurzfristigen Effekts können wir nicht unbedingt daraus schließen, dass die Einnahme von Drogen deshalb langfristig »gut« ist. Akzeptanz mag gut gemeint sein, aber unqualifizierte Akzeptanz kann die Optionen und die Autonomie einer einzelnen Person einschränken, wenn ihr dadurch die Möglichkeit genommen wird, die mögliche unbewusste Bedeutung ihrer Transgender-Identifikation zu erkunden, was sie wiederum dazu bringen könnte, andere Optionen als die medizinische Transition in Betracht zu ziehen.

Natürlich können wir nie mit absoluter Sicherheit wissen, ob eine Entscheidung autonom ist, und wir müssen eine grenzenlose Regression unserer Patienten vermeiden, da zweifelsohne Entscheidungen getroffen werden müssen. Wenn wir allerdings akzeptieren, dass eine Entscheidung zumindest im Wesentlichen autonom und unabhängig von kontrollierenden Einflussfaktoren sein muss, dann sollte eine Entscheidung über eine medizinische Transition – angesichts der Tatsache, dass die potenziellen kontrollierenden Einflüsse (innere und äußere Einflüsse) auf diese spezielle Entscheidung einwirken – erst nach einer Erkundungsphase getroffen werden.

Die Psychoanalyse hat den Transgender-Studien und der Praxis im Umgang mit Transgender-Personen viel zu bieten. Doch wie jede

Theorie hat auch sie ihre blinden Flecken, sie ist grundsätzlich in einer Ethik des Verzichts verankert (d.h., es geht um die Akzeptanz von Grenzen und Verlust). Dies prägt in ganz besonderer Weise die Einstellung des Therapeuten, was die Wünsche nach körperlicher Modifikation betrifft. Von diesem Standpunkt aus kann die Modifikation des Körpers, in welcher Form auch immer, nur mit Misstrauen betrachtet werden. Auch wenn ein Patient sich möglicherweise irrt oder von einem omnipotenten System beherrscht wird, müssen wir – wenn er versucht, seinen Körper zu modifizieren – für die Möglichkeit offenbleiben, dass dies nicht immer zutrifft.

Obwohl Kays Fall meines Erachtens nicht die Mehrheit der Transgender-Patienten repräsentiert, die wesentliche Körperveränderung anstreben, sind Ausnahmen immer sehr aufschlussreich. Das Embodiment stellt für uns alle eine Herausforderung dar. Für manche Menschen wie Kay führt diese Herausforderung zu einer Modifikation des Körpers, um eine Anpassung zu ermöglichen, die nicht auf einer Verleugnung des Körpers beruht, sondern auf einer realistischen Einschätzung dessen, wer sie ist, ihrer Resilienz sowie ihrer Verletzlichkeit und was sie sich für die Zukunft wünscht.

Die Arbeit mit Kay prägte meinen klinischen Ansatz in Bezug auf diese Patientengruppe sehr stark. Sie veranlasste mich zu einer umfassenderen Reflexion über die innere Haltung, die bei der Arbeit in diesem hochkomplexen, emotionalen Bereich sowohl für den Patienten als auch für den Therapeuten am hilfreichsten ist. Andere Analytiker würden zweifellos zu komplizierten Schlussfolgerungen oder Positionen gelangen, aber für mich hat sich auf der therapeutischen Reise mit Kay herauskristallisiert: Das primäre Ziel der psychoanalytischen Arbeit liegt nicht darin, ein vorbestimmtes Ergebnis zu erzielen, das mit den expliziten oder impliziten Definitionen des Therapeuten von psychischer Gesundheit übereinstimmt, sondern in der Bereitstellung und dem Schutz des analytischen Raums. Dies schafft die Voraussetzungen dafür, dass der Patient die unbewussten Determinanten seiner Entscheidung(en) entdecken und so seine Autonomie stärken kann.

Ein Raum zur Reflexion ist unabhängig vom Alter des Patienten notwendig. In einer Zeit, in der die Optimierung und Modifikation des Körpers weitverbreitet ist, wird jetzt unsere Wahrnehmung der menschlichen Grenzen und Fähigkeiten hinterfragt. Diese soziokulturellen Veränderungen bringen Chancen und Risiken mit sich: Körperteile werden beispielsweise als bloße unerwünschte Zufälligkeiten betrachtet oder körperliche Modifikation als Mittel benutzt, um sich selbst neu zu erfinden; dadurch sind wir aufgefordert, die zugrunde liegenden Triebkräfte in Betracht zu ziehen, um sicherzustellen, dass die unmittelbare Linderung emotionaler Not durch die Veränderung des Körpers nicht letztlich zu weiterem Leiden führt. Die unbewussten Triebkräfte unserer sichtbaren Wünsche zu verstehen, ist ein Prozess, der Zeit braucht, da sich deren unbewusste Bedeutung erst nach und nach herauskristallisiert. Zeit für Selbstreflexion ist deshalb nicht nur aus psychologischer, sondern auch aus ethischer Sicht von zentraler Bedeutung, da sie eine autonome Entscheidungsfindung unterstützt.

Schlussfolgerung

Den Körper im Auge behalten

Um Transgeschlechtlichkeit zu verstehen, müssen wir an der Schnittstelle zwischen soziokulturellen Prozessen und individueller Psychodynamik arbeiten, die sowohl den Therapeuten als auch den Patienten betreffen. Beide Seiten müssen sich ununterbrochen darum bemühen, die Signifikanten zu hinterfragen, die die individuelle Beziehung zu unserem Körper und unserem Geschlecht prägen. Unser Körper ist der primäre Ort für Prägungen und Bedeutungen, die sowohl durch äußere als auch durch innere, unbewusste Kräfte entstehen. Wir werden mit einem Körper geboren und müssen ein Körper werden. Der Körper umfasst mehr als nur die Art und Weise, wie wir unser Selbst zum Ausdruck bringen: Er ist der Ort, an dem ich existiere (Milon, 2005), der Ort der Auseinandersetzung mit unserer Identität und damit, was es bedeutet, ein Subjekt zu sein.

Dieses Buch ist von folgender Überlegung geprägt: Die Arbeit mit Transgender-Personen fordert uns auf, über die zentrale Rolle des Körpers bei der Entwicklung und Beibehaltung von Identität nachzudenken; dies gilt sowohl, wenn die Entwicklung gut verläuft, als auch, wenn unsere Identifizierung mit einer »Identitätsgruppe« dazu führen kann, dass wir mit Identitätsstörungen oder deren Fragmentierung umgehen müssen. Was wir psychisch in unseren Körper, seine Form und sein Aussehen investieren, ist der Schlüssel zum Verständnis der subjektiven Erfahrung des Embodiment und muss deshalb in den klinischen und theoretischen Diskussionen über (Transgender-)Identität Berücksichtigung finden.

Konzeptionell mag es sinnvoll sein, zwischen dem Selbst, das vom biologischen Geschlecht geprägt ist, und dem Selbst, das vom sozialen Geschlecht geprägt ist, zu unterscheiden. Aber den Körper im Auge zu behalten bedeutet Wachsamkeit: Wie wird Sexualität in unserem Körper und unserer Psyche erlebt und gehandhabt und welchen Einfluss hat dies auf die Identität und die Erfahrung unserer Geschlechtlichkeit?

> »Körper und Körpererfahrung im Allgemeinen und – aufgrund ihrer besonderen körperlichen Intensität oder ihrer verblüffenden Absolutheit – gynäkologische und andere sexuell-erotische Erfahrungen [...] rufen affektive Fantasievorstellungen hervor [...]. Der Körper verstrickt sich in die Sexualität, die wiederum eine weitere Grundlage für die fantasierte Bedeutung des vom biologischen Geschlecht geprägten Körpers bildet.« (Chodorow, 2004, S. 187)

Angesichts der aktuellen Debatten über Transgeschlechtlichkeit denke ich oft, dass der einseitige Fokus auf das »soziale Geschlecht« (Gender) die Sexualität, das heißt, den Körper und sein Begehren, verdrängen kann. In der therapeutischen Arbeit mit Transgender-Personen ist es von großer Bedeutung, die Psychosexualität zu erforschen und die äußeren Verbote im Auge zu behalten, die den Menschen aufgrund ihrer sexuellen Orientierung auferlegt werden. Die Unterscheidung zwischen Sexualität und sozialem Geschlecht (Gender) ist wichtig, um nicht zu erschweren, worauf wir unsere politischen und sozialen Bemühungen konzentrieren müssen, damit jeder sein sexuelles Begehren und seine Geschlechtsidentität ohne Angst und/oder Scham zum Ausdruck bringen kann. Während wir über die Rechte von Transgender-Personen streiten – und diese sollten geschützt werden –, dürfen wir auch nicht aus den Augen verlieren, dass in 72 Ländern der Welt Homosexualität immer noch kriminalisiert wird; in elf Ländern kann nach dem Gesetz die Todesstrafe verhängt werden.[18] So kann

18 www.humandignitytrust.org/lgbt-the-law/map-of-criminalisation/

zum Beispiel für Homosexuelle der Wechsel zum anderen Geschlecht die einzige realisierbare Möglichkeit sein, ihre Sexualität in repressiven familiären und/oder gesellschaftlichen Systemen zu leben.

Die Entscheidung für eine medizinische Transition sollte zwar nicht leichtfertig getroffen werden, ist aber meiner Ansicht nach kein zuverlässiges Anzeichen für eine Pathologie. Die zentrale Frage, die wir genauer betrachten müssen, ist die Frage nach der/den Gemütsverfassung/en, die dieser Entscheidung zugrunde liegt/liegen (Amir, 2018). Was die psychische Struktur betrifft, gibt es möglicherweise keinen Unterschied zwischen folgenden Personen: einer Person, die sich einer Transition unterzieht, und derjenigen, die »nur« Hormone nimmt, oder der Transgender-Person, die »nur« ihre Kleidung ändert, um androgyner auszusehen, und der Person, die sich einer kosmetischen Operation unterzieht, aber keine Transgender-Person ist. Entweder unterscheidet sich die zugrunde liegende Fantasie oder es zeigt sich, dass es – auch wenn die Ausdrucksmöglichkeiten verschieden sind – Gemeinsamkeiten gibt, was die psychische Situation betrifft (Lemma, 2010).

Einige zeitgenössische psychoanalytische Beiträge zu diesem Thema verbieten die Erforschung der Frage nach der *Ursache* von Transgeschlechtlichkeit, da dies als pathologisierend empfunden wird. Sie plädieren stattdessen dafür, den Fokus auf das *Wie* der transgeschlechtlichen Erfahrung zu legen (siehe Hansbury, 2017). Das *Wie* ist zweifellos wichtig, aber mit diesem Buch erinnere ich hoffentlich auch daran, dass auch das *Warum* seiner Erfahrung essenziell und bedeutungsvoll für den Patienten ist, da er versucht, zu verstehen, wie er zu dem geworden ist, der er ist. Die eigentliche Herausforderung besteht in einer Gratwanderung zwischen einem Dialog, dem eine äquidistante Neugier auf die Bedeutung und Funktion der Transgeschlechtlichkeit zugrunde liegt (die den Kern des psychoanalytischen Ansatzes bildet) und einer Haltung des »informierten Misstrauens« (Wren, 2014, S. 282), die einen konstruktiven Dialog eher einschränkt.

Die Psychoanalyse par excellence ermöglicht uns die einzigartige Erkenntnis, wie sehr unser Körper, unsere Sexualität und unser Geschlecht (Gender) von idiosynkratischen, affektiven Stimmungen, Neigungen, Ausweichmanövern, Exzessen, Verboten und Potenzialitäten überfrachtet sind. Wenn wir bei unserer Arbeit die Motivationen, Wünsche, Fantasien und Ängste unserer Patienten aus einer Position der äquidistanten Neugier hinterfragen, geht es nicht darum, sie zu zwingen, einen vorgegebenen »gesunden« Weg zu gehen. Es geht darum, ihnen zu helfen, den für sie bestmöglichen Weg zu finden, unter Berücksichtigung des emotionalen und körperlichen Aufwands und der Risiken, die mit ihren Entscheidungen verbunden sind. Wir müssen die Tatsache hinterfragen, dass einige Menschen, darunter auch einige Therapeuten, immer noch die Meinung vertreten, Transgeschlechtlichkeit sei *immer* pathologisch und müsse thematisiert sowie auf der verbalen Ebene überwunden werden. Dies setzt jedoch nicht die wichtige Perspektive außer Kraft, die ein psychoanalytischer Ansatz zum Verständnis von Heterogenität einbringen kann, die Transgender-Personen als eine Gruppe von Individuen charakterisiert.

Kann der Therapeut eine äquidistante Neugier beibehalten – äquidistant in dem Sinne, dass die Modifikation des Körpers Ausdruck einer Notlage oder ein kreativer und anpassungsfähiger Akt ist – und den Körper als Symbol betrachten, beruht die Modifikation des Körpers (wenn sie letztendlich doch durchgeführt wird) auf einer solideren Integration zwischen innerer und äußerer Realität. Die zugrunde liegenden Gemütszustände psychoanalytisch zu verstehen, ist hierbei ein legitimer und wichtiger Beitrag. Perelberg (2018) warnt zu Recht vor einer »Konfusion der Sprachebenen«, die sowohl den Transgender-Patienten als auch den Therapeuten verführen kann, in der Weise, dass sie beide »etwas als real ansprechen, das symbolisch zu verstehen ist« (2018, S. 45).

Wenn ich meine klinische Arbeit reflektiere, komme ich immer wieder auf drei zentrale Grundsätze zurück, die sich klinisch als hilfreicher erwiesen haben als jede einzelne Theorie über Transgeschlechtlichkeit. Ich habe sie an verschiedenen Stellen des Buches nur gestreift, aber jetzt ist der richtige Zeitpunkt, sie in diesem Abschlusskapitel zusammenzufassen.

Erstens, die Fokussierung unseres Blickes auf die entwicklungsbedingte Bedeutung eines intersubjektiven Spiegelungsprozesses in Bezug auf Körperzustände ermöglicht uns, sich der Erfahrung der Transgender-Person im Gegenübertragungsgeschehen zu nähern. Wie bereits erwähnt, werde ich bei meiner Arbeit in diesem Bereich immer wieder bestätigt: Die Erfahrung der Transgender-Person erinnert an die Herausforderung, die wir alle im Laufe unserer Entwicklung bewältigen müssen und für die wir Kompromisslösungen finden, nämlich wie wir den Körper, den wir haben, in den Körper umformen, mit dem wir uns identifizieren. Niemand von uns kann die anspruchsvolle psychische Arbeit umgehen, die erforderlich ist, um der Psyche eine dauerhafte Behausung in unserem Körper zu sichern. Eine markierte und kontingente Spiegelung der körperlichen Erfahrung des Selbst ist höchstwahrscheinlich für uns alle wesentlich für die Entwicklung eines kohärenten, fest im Körper verwurzelten Selbstgefühls. Dieses Grundverständnis kann uns als Therapeuten entscheidend helfen, wenn wir mit einer Erfahrung des Embodiment in Berührung kommen, die sich sonst sehr fremd anfühlen würde und uns dazu verleiten könnte, etwas vereinfachend von einer Pathologie auszugehen. Es kann uns auch helfen, mit den gelegentlich sehr intensiven Gefühlen der Gegenübertragung umzugehen, die bei dieser Arbeit hervorgerufen werden können.

Zweitens, unabhängig davon, ob wir eine medizinische Transition für die beste Anpassung oder Entwicklung einer bestimmten Person halten, ist es wichtig, dem Patienten zu helfen, emotional zu erfassen, dass sowohl physisch bearbeitete als auch unbearbeitete Körper *immer* eine Geschichte haben: Die vorgegebene körperliche Konfiguration und Erscheinung, selbst wenn sie im Widerspruch zu subjektiven Erfahrungen und dem gewünschten Körperbild steht, gibt Auskunft über die psychische Repräsentation des Körpers und muss in die Erfahrung des Selbst integriert werden. Wie einige zeitgenössische Theoretiker betonen, kann die Veränderung des Körperbildes durchaus zur Entfaltung eines neuen Narrativs beitragen. Dies wiederum kann eine besser angepasste Verankerung des Selbst im Körper erleichtern. Allerdings müssen wir auch seine Geschichte und seinen Verlust als Teil dieses Prozesses ins Auge fassen, wenn die Transformation des Körpers eine solide Grundlage für die Entwicklung des Selbst und die Konsolidierung der Identität bilden soll.

Ich erinnere mich an mehrere meiner Patienten, die im Laufe unserer Arbeit eine Transition durchführen ließen; sie nahmen die Beweggründe für ihre Entscheidung bewusster wahr und die Transition war für sie insgesamt der bessere Kompromiss. Dieser Prozess war jedoch in seiner Bewältigung immer schwierig. Der Schmerz, die Angst, die Wut und die Enttäuschung, die mit dem Prozess der medizinischen Transition einhergehen, werden in den Informationen, die junge Menschen online über das Transgender-Sein erhalten, auf gefährliche Weise unterbewertet.

Drittens, wir müssen als Therapeuten immer wieder unterscheiden zwischen der Arbeit, unseren Patienten zu helfen, die psychische Funktion der Transgender-Identifikation zu verstehen, und der Arbeit, die darin besteht, ihnen zu helfen, fundierte Entscheidungen über medizinische Interventionen zu treffen. Beide Bereiche sind natürlich miteinander verknüpft. Es ist allerdings äußerst klug, von der impliziten Annahme auszugehen, dass eine Einwirkung auf den Körper immer eine unerwünschte Maßnahme ist, sodass das Ziel der therapeutischen Arbeit darin besteht, eine medizinische Transition zu vermeiden. Patienten sind sehr empfänglich für die Position, die der Therapeut in dieser Hinsicht einnimmt. Eine nicht hinterfragte Haltung des Therapeuten gegenüber medizinischen Interventionen kann die therapeutische Arbeit untergraben. Wie wir sehen konnten, ist bei der Arbeit mit Kindern und Jugendlichen die Herausforderung, einer Transition zuzustimmen, nur allzu konkret und drängend, aber sie ist auch bei der Arbeit mit Erwachsenen von großer Bedeutung. Wenn sich die psychoanalytische Arbeit darauf konzentriert, durch die Erforschung innerer und äußerer Zwänge die Autonomie unserer Patienten zu erweitern, fällt es uns leichter, keine implizit paternalistischen Positionen einzunehmen. So können wir den Patienten helfen, die für sie besten Entscheidungen zu treffen.

Die gesamte Transgender-Frage nimmt heutzutage in den Medien einen herausragenden Platz ein. Die Zahl der Veröffentlichungen zu diesem Thema ist atemberaubend. Das Internet trug dazu bei, dass immer mehr Informationen über Transgender-Themen und den damit verbundenen Aktivitäten zur Verfügung stehen. Es ist positiv zu vermerken, dass durch die Anerkennung der Transgender-Erfahrung die Menschen sich weniger beschämt und isoliert fühlen können, während sie früher mit Fragen der Identität und Sexualität ringen mussten.

Online-Informationen, die junge Menschen allein in ihrem Schlafzimmer in sich aufnehmen, können jedoch dazu führen, dass sie eine Eigendiagnose stellen, ohne dass sie ihre psychischen Schmerzen in einem größeren Zusammenhang verstehen, besonders, wenn sie unter Stress stehen und/oder psychische Probleme haben. Eine Eigendiagnose kann eine vorübergehende Erleichterung bringen, aber sie ist deshalb nicht in allen Fällen zutreffend. Auch wenn wir feststellen können, dass das Internet das Transgender-Thema nach außen sichtbarer gemacht und die Scham verringert hat, ist trotzdem nicht gewährleistet, dass die höchst individuelle Art und Weise, wie Transgeschlechtlichkeit in bestimmten Körpern mit einer besonderen Geschichte subjektiv erlebt wird, berücksichtigt wird. Sichtbar zu sein (d.h., sich mit einer bestimmten Gruppe »on- und offline« identifizieren zu können und sich als Teil einer Gemeinschaft Gleichgesinnter zu fühlen) ist nicht dasselbe wie gesehen zu werden (d.h,.

in unserer gesamten Komplexität in die Psyche eines »Anderen« aufgenommen zu werden), aber heutzutage werden diese Prozesse auf unheilvolle Weise miteinander vermischt. Anerkennung ist der Schlüssel zur Unterstützung von Transgender-Personen, denn sie ist für uns alle der Schlüssel zur Identitätsentwicklung (siehe auch Honneth, 2000 [2007]). Dieser fundamentale Grundsatz – die intersubjektive Praxis im Zentrum zeitgenössischer Psychoanalyse – erinnert uns an die große Bedeutung, die es hat, wie wir mit unseren Theorien auf Transgender-Personen schauen. Anerkennung ist jedoch keineswegs dasselbe wie »Bestätigung«. Es geht darum, die Komplexität der inneren Realität anzuerkennen und zu berücksichtigen, wie sie die Erfahrung der äußeren Realität prägt. Es geht um die Anerkennung des Schmerzes, der sich hinter dem manischen Festhalten an einer Transgender-Identifikation verbergen kann, aber auch um die Erkenntnis, dass eine andere Form des Embodiment manchen Menschen ein besseres Leben ermöglichen kann. Anerkennung bedeutet, das Unbewusste in Worte zu fassen.

Die Psychoanalyse blickt auf eine unrühmliche Geschichte in Bezug auf ihre voreingenommene Haltung gegenüber der Homosexualität zurück (Lemma & Lynch, 2019 [2015]). Wir müssen uns in Acht nehmen, damit wir die Fehler der Vergangenheit nicht wiederholen, wenn wir uns mit dem Thema Transgeschlechtlichkeit befassen. Die Psychoanalyse sollte – wie subtil auch immer – niemals als Instrument des Zwangs oder der Konversion eingesetzt werden, wenn es um individuelle Entscheidungen hinsichtlich der persönlichen Lebensführung geht. Dies ist nicht die Rolle des Therapeuten. Der Dialog ist allerdings ein vielschichtiger Prozess, der von uns allen verlangt, viele Meinungen zu tolerieren und die Unterschiede zu respektieren, die dadurch zutage treten werden. Im Hinblick auf den Transgender-Diskurs können wir uns der Tatsache nicht entziehen, dass der Gedanke des Dialogs, der voraussetzt, dass es nicht nur »eine« Wahrheit gibt und mehrere Fragen und unterschiedliche

Antworten geben kann, von einigen Transgender-Aktivisten als Hassrede empfunden wird, die zum Schweigen gebracht werden muss.

Jemand zum Schweigen zu bringen hat sich noch nie bezahlt gemacht. Wenn politische Korrektheit ein Korrektiv darstellt, so kann dies nur oberflächlich sein. Die Kontrolle des Diskurses birgt die Gefahr, dass das Denken verkümmert und sich Vorurteile verfestigen, anstatt dass sie aufgedeckt werden. Der Versuch, die Ursachen, die Bedeutung und die Funktion eines Verhaltens, eines Gedankens oder eines Gefühls zu verstehen, ist nicht per se ein Akt der Gewalt oder der Unterdrückung: Im besten Fall handelt es sich um die alltägliche Arbeit der Psychoanalyse.

Literatur

Aitken, M., Steensma, T., Blanchard, R., Vander Laan, D., Wood, H., Fuentes, A., Spegg, C., Wasserman, L., Ames, M., Fitzsimmons, L., Leef, J., Lishak, V., Reim, E., Takagi, A., Vinik, J., Wreford, J., Cohen-Kettenis, P., De Vries, A., Kreukels, B. & Zucker, K. (2015): Evidence for an Altered Sex Ratio in Clinic-Referred Adolescents with Gender Dysphoria. *Journal of Sexual Medicine*, 12(3), 756–763.

Alvesson, M., Ashcraft, K. L. & Thomas, R. (2008): Identity Matters: Reflections on the Construction of Identity Scholarship in Organization Studies. *Organization*, 15, 5–28.

Amir, D. (2018): *Current Critical Debates in the Field of Transgender Studies*. Hrsg. v. O. Grozlan, London: Routledge.

Anckarsäter, H. & Gillberg, C. (2020): Methodological Shortcomings Undercut Statement in Support of Gender-Affirming Surgery. *American Journal of Psychiatry*, 177(8), 764–765.

Argentieri, S. (2009): Transvestism, Transsexualism and Transgender: Identification and Imitation. In: Ambrosio, G. (Hrsg.): *Transvestism and Transsexualism in the Psychoanalytic Dimension.* London: IPA Books, S. 1–40.

Bartosch, J. (2018): Trans Kids: LGB Adults Come Out. In: Brunskell-Evans, H. & Moore, M. (Hrsg.): *Transgender Children and Young People*. Cambridge: Cambridge Scholars Publishing.

Baudrillard, J. (1988): *The Ecstasy of Communication*. Übers. v. B. Schutze & C. Schutze. Paris: Galilee.

Bauman, Z. (1988): *Freedom*. Milton Keynes: Open University Press.

Beauchamp, T. & Childress, J. (2013): *Principles of Biomedical Ethics.* New York/Oxford: Oxford University Press, 7. Aufl.

Bell, D. (2019): Preface. In: Moore, M. & Brunskell-Evans, H. (Hrsg.): *Inventing Transgender Children and Young People*. Newcastle upon Tyne: Cambridge Scholars Publishing.

Benjamin, J. (2013): *Der Schatten des Anderen: Intersubjektivität – Gender – Psychoanalyse*. Frankfurt a. M.: Stroemfeld/Nexus. Engl.: Benjamin, J.

(1998): *Shadow of the Other: Intersubjectivity and Gender in Psychoanalysis.* New York: Routledge.

Biggs, M. (2019): A Letter to the Editor Regarding the Original Article by Costa et al.: Psychological Support, Puberty Suppression, and the Psychosocial Functioning in Adolescents with Gender Dysphoria. *Journal of Sexual Medicine*, 16(12), 2043.

Biggs, M. (2020): Puberty Blockers and Suicidality in Adolescents Suffering from Gender Dysphoria. *Archives of Sexual Behavior*, 49(7), 2227–2229.

Bion, W.R. (2004): *Lernen durch Erfahrung*. Frankfurt a. M.: Suhrkamp. Engl.: Bion, W.R. (1962): *Learning from Experience*. London: Karnac.

Bion, W.R. (2006): *Aufmerksamkeit und Deutung*. Frankfurt a. M.: Brandes & Apsel. Engl.: Bion, W.R. (1970): *Attention and Interpretation*. London: Maresfield.

Bion, W.R. (2013): *Frühe Vorträge und Schriften. Mit einem kritischen Kommentar: »Second Thoughts«*. Frankfurt a. M.: Brandes & Apsel. Engl.: Bion. W.R. (1967): *Second Thoughts. Selected Papers on Psychoanalysis.* London: Heinemann.

Birksted-Breen, D. (1996): Phallus, Penis and Mental Space. *International Journal of Psychoanalysis*, 77, 649–657.

Birksted-Breen, D. (2016): *The Work of Psychoanalysis*. London: Routledge.

Bizic, M.R., Jeftovic, M. Pusica, S., Stojanovic, B., Duisin, D., Vujovic, S., Rakic, V. & Djordjevic, M. L. (2018): Gender Dysphoria: Bioethical Aspects of Medical Treatment. *BioMed Research International*, 25.

Blos, P. (1967): The Second Individuation Process of Adolescence. *Psychoanalytic Study of the Child*, 22, 162–186.

Bockting, W.O., Miner, M.H., Swinburne Romine, R.E., Hamilton, A. & Coleman, E. (2013): Stigma, Mental Health, and Resilience in an Online Sample of the US Transgender Population. *American Journal of Public Health*, 103, 943–951.

Bolin, A. (1994): Transcending and Transgendering. In: Herdt, G. (Hrsg.): *Third Sex, Third Gender.* New York: Zone Books.

Boris, H. (1987): Tolerating Nothing. *Contemporary Psychoanalysis*, 23, 351–366.

Boris, H. (1994): About Time. *Contemporary Psychoanalysis*, 30, 301–322.

Bränström, R. & Pachankis, J.E. (2020): Reduction in Mental Health Treatment Utilization Among Transgender Individuals After Gender-Affirming Surgeries: A Total Population Study. *American Journal of Psychiatry*, 177, 727–734.

Briggs, S. (2002): *Working With Adolescents: A Contemporary Psychodynamic Approach.* London: Palgrave.

Bronstein, C. (2009): Negotiating Development: Corporal Reality and Unconscious Phantasy in Adolescence. *Bulletin of the British Psychoanalytic Society*, 45(1), 17–26.

Bronstein, C. (2013): Finding Unconscious Phantasy in the Session: Recognizing Form. *Bulletin of the British Psychoanalytic Society*, 49(3), 16–21.

Brunskell-Evans, H. & Moore, M. (Hrsg.) (2018): *Transgender Children and Young People. Born in Your Own Body.* Cambridge: Cambridge Scholars Publishing.

Butler, G., De Graaf, N., Wren, B., Carmichael, P., Adu-Gyamfi, K., Brain, C., Goedhart, C., Kleczewski, S., Perkins, E., Roberts, A., Alvi, S., Avatpalle, B., Carruthers, P., Mushtaq, T., Walker, J., Abid, N. & Shaikh, G. (2018): Assessment and Support of Children and Adolescents with Gender Dysphoria. *Archives of Disease in Childhood*, 103(7), 631–636.

Butler, J. (1993): *Das Unbehagen der Geschlechter.* Frankfurt a. M.: Suhrkamp. Engl.: Butler, J. (1990): *Gender Trouble: Feminism and the Subversion of Identity.* New York: Routledge.

Butler, J. (1995): *Körper von Gewicht. Die diskursiven Grenzen des Geschlechts*. Berlin: Berlin Verlag. Engl.: Butler, J. (1993): *Bodies That Matter. On the Discursive Limits of Sex*. New York: Routledge.

Butler, J. (2009): *Die Macht der Geschlechternormen und die Grenzen des Menschlichen*. Frankfurt a. M.: Suhrkamp. Engl.: Butler, J. (2003): *Undoing Gender*. London: Routledge.

Califia, P. (2003): *Sex Changes: The Politics of Transgenderism*. San Francisco: Cleis Press.

Caper, R. (1999): *A Mind of One's Own: A Kleinian View of Self and Object.* New York: Routledge.

Cavanagh, S. (2016): Transgenderity as Sinthome: Bracha L. Ettinger and the Other (Feminine) Sexual Difference. *Studies in Gender and Sexuality*, 17(1), 27–44.

Cavanagh, S. (2018): Transgender Embodiment: A Lacanian Approach. *Psychoanalytic Review*, 105(3), 303–340.

Chang, B. & Delaney, K. (2019): A Heuristic Inquiry on the Role of Person-Environment Interaction in Suicide Risk Among Transgender Youth. *Journal of Child and Adolescent Psychiatric Nursing*, 32(2), 47–50.

Chiland, C. (2000): The Psychoanalyst and the Transsexual Patient. *International Journal of Psychoanalysis*, 81(1), 21–35.

Chiland, C. (2003): *Transgenderism, Illusion and Reality.* Middletown, CT: Wesleyan University Press.

Chiland, C. (2005): *Exploring Transsexualism.* London: Karnac.

Chiniara, L., Bonifacio, H. & Palmert, M. (2018): Characteristics of Adolescents Referred to a Gender Clinic. Are Youth Seen Now Different from Those in Initial Reports? *Hormone Research in Paediatrics*, 89(6), 434–441.

Chodorow, N. (2004): Beyond Sexual Difference. In: Matthis, I. (Hrsg.): *Dialogues on Sexuality, Gender and Psychoanalysis.* London: Routledge.

Cohen, D. & Barnes, H. (2019): Gender Dysphoria in Children: Puberty Blockers Study Draws Further Criticism. *British Medical Journal*, 366.DOI: doi10.1136/bmj.15647.

Coolidge, F.L., Thede, L.L. & Young, S.E. (2002): The Heritability of Gender Identity Disorder in a Child and Adolescent Twin Sample. *Behavior Genetics*, 32, 251–257.

Corbett, K. (2009): Boyhood Femininity, Gender Identity Disorder, Masculine Presuppositions and the Anxiety of Regulation. *Psychoanalytic Dialogues*, 19(4), 353–370.

Costa, R., Dunsford, M., Skagerberg, E. Holt, V., Carmichael, C. & Colizzi, M. (2015): Psychological Support, Puberty Suppression, and Psychosocial Functioning in Adolescents with Gender Dysphoria. *Journal of Sexual Medicine*, 12(11), 2206–2214.

Damasio, A.R. (2000): *Ich fühle, also bin ich. Die Entschlüsselung des Bewusstseins*. München: List. Engl.: Damasio, A.R. (1999): *The Feeling of What Happens: Body and Emotion in the Making of Consciousness.* New York: Harcourt Brace.

Damasio, A.R. (1994): *Descartes' Irrtum. Fühlen, Denken und das menschliche Gehirn.* München: List. Engl.: Damasio, A.R. (2006): *Descartes' Error. Emotion, Reason and the Human Brain.* London: Vintage.

Dean, T. (2002): *Beyond Sexuality*. Chicago: University of Chicago Press.

Defreyne, J., Motmans, J. & T'Sojen, G. (2017): Healthcare Costs and Quality of Life Outcomes Following Gender Affirming Surgery in Trans Men: A Review. *Expert Review of Pharmacoeconomics & Outcomes Research*, 17.

De Graaf, N., Carmichael, P. & Tellier, P. (2019): Reflections on Emerging Trends in Clinical Work with Gender Diverse Children and Adolescents. *Clinical Child Psychology and Psychiatry*, 24(2), 353–364.

Deleuze, G. & Guattari, F. (2002 [1987]): *A Thousand Plateaus: Capitalism and Schizophrenia*. New York: Continuum.

de Vries, A.L. & Cohen-Kettenis, P. (2012): Clinical Management of Gender Dysphoria in Children and Adolescents, the Duch Approach. *Journal of Homosexuality*, 59, 301–320.

de Vries, A.L., McGuire, J.K., Steensma, T.D., et al. (2014): Young Adult Psychological Outcome After Puberty Suppression and Gender Reassignment. *Pediatrics*, 134, 696–704.

de Vries, A.L., Noens, I., Cohen-Kettenis, P., Van Berckelaer-Onnes, I. & Doreleijers, T. (2010): Autism Spectrum Disorders in Gender Dysphoric Children and Adolescents. *Journal of Autism and Developmental Disorders*, 40, 930–936.

de Vries, A.L., Steensma, T.D. Cohen-Kettenis, P.T., VanderLaan, D.P. & Zucker, K.J. (2016): Poor Peer Relations Predict Parent- and Self-Reported Behavioral and Emotional Problems of Adolescents with Gender Dysphoria: A Cross-National, Cross-Clinic Comparative Analysis. *European Child and Adolescent Psychiatry*, 25, 579–588.

de Vries, A.L., Steensma, T.D., Doreleijers, T.A., et al. (2011): Puberty Suppression in Adolescents with Gender Identity Disorder: A Prospective Follow-up Study. *Journal of Sexual Medicine*, 8, 2276–2283.

Dhejne, C., Lichtenstein, P., Boman, M., Johansson, A., Långström, N. & Landen, M. (2011): Long-Term Follow-up of Transsexual Persons Undergoing Sex Reassignment Surgery: Cohort Study in Sweden. *PloS One*, 6(2), e16885.

Dhejne, C., Van Vlerken, R., Heylens, G. & Arcelus, J. (2016): Mental Health and Gender Dysphoria: A Review of the Literature. *International Review of Psychiatry: Gender Dysphoria and Gender Incongruence*, 28(1), 44–57.

Di Ceglie, D. & Freedman, D. (Hrsg.) (1998): *Stranger in My Own Body: Atypical Gender Identity Development and Mental Health.* London: Karnac.

Di Ceglie, D. Skagerberg, E., Baron-Cohen, S. & Auyeung, B. (2014): Empathising and Systemising in Adolescents with Gender Dysphoria. *Opticon1826*, 6, März.

Dimen, M. (1991): Deconstructing Difference: Gender, Splitting and Transitional Space. *Psychoanalytic Dialogues*, 1, 335–352.

Downing, L. (2017): Perversion and the Problem of Fluidity and Fixity. In: Watson, E. & Giffney, N. (Hrsg.): *Clinical Encounters in Sexuality: Psychoanalytic Practice and Queer Theory.* Goleta: Punctum Books.

Drummond, K.D., Bradley, S.J., Peterson-Badali, M. & Zucker, K.J. (2008): A Follow-up Study of Girls with Gender Identity Disorder. *Developmental Psychology*, 44, 34–45.

Dubov, A. & Fraenkel, L. (2018): Facial Feminization Surgery: The Ethics of Gatekeeping in Transgender Health. *American Journal of Bioethics*, 18(12), 3–9.

Dutton, K. (2013): *Schwarz. Weiß. Denken! Warum wir ticken, wie wir ticken, und wie uns die Evolution manipulierbar macht.* München: dtv. Engl.: Dutton, K. (2020): *Black-and-White Thinking: The Burden of a Binary Brain in a Complex World.* London: Farrar, Straus and Giroux.

Edelman, G.M. (1995): *Göttliche Luft, vernichtendes Feuer. Wie der Geist im Gehirn entsteht.* München: Piper. Engl.: Edelman, G.M. (1992): *Bright Air, Brilliant Fire: On the Matter of the Mind.* New York: Basic Books.

Ehrensaft, D. (2017): Gender Nonconforming Youth: Current Perspectives. *Adolescent Health, Medicine and Therapeutics*, 8, 57–67.

Ehrensaft, D., Giammattei, S., Storck, K., Tishelman, A. & Keo-Maier, C. (2018): Prepubertal Social Gender Transitions: What We Know, What We Can Learn – A View from a Gender-Affirmative Lens. *International Journal of Transgenderism*, 19(2), 251–268.

Elliott, P. (2001): A Psychoanalytic Reading of Transsexual Embodiment. *Studies in Gender and Sexuality*, 2, 295–325.

Entwistle, K. (2020): Debate: Reality Check – Detransitioner's Testimonies Require Us to Rethink Gender Dysphoria. *Child and Adolescent Mental Health*, 26, 14. Mai.

Erikson, E. (1966): *Identität und Lebenszyklus.* Frankfurt a. M.: Suhrkamp. Engl: Erikson, E. (1968): *Identity*. London: Faber.

Evans, M. (2020): Freedom to Think: The Need for Thorough Assessment and Treatment of Gender Dysphoric Children. *BJPsych Bulletin*, 1–5.

Evans, S. & Evans, M. (2021): *Gender Dysphoria: A Therapeutic Model for Working with Children, Adolescents and Young Adults.* London: Phoenix Publishing.

Fast, A. & Olson, K. (2018): Gender Development in Transgender Preschool Children. *Child Development*, 89(2), 620–637.

Fausto-Sterling, A. (2012): The Dynamic Development of Gender Variability. *Journal of Homosexuality*, 59(3), 398–421.

Fenichel, O. (1974): *Psychoanalytische Neurosenlehre*. Olten: Walter. Engl.: Fenichel, O. (1945): *The Psychoanalytic Theory of Neurosis.* New York: Norton.

Ferenczi, S. (1924): *Versuch einer Genitaltheorie.* Wien: Internationaler Psychoanalytischer Verlag. Engl.: Ferenczi, S. (1938): *Thalassa: A Theory of Genitality*. New York: Psychoanalytic Quarterley.

Ferrari, B. (2004): *From the Eclipse of the Body to the Dawn of Thought.* London: Free Association Books.

Flanders, S. (2009): On the Concept of Adolescent Breakdown. *Bulletin of the British Psychoanalytic Society*, 45,1, 27–34.

Fletcher, G. (2016): *The Philosophy of Well-Being: An Introduction.* New York: Routledge.

Fonagy, P. & Target, M. (2007): The Rooting of the Mind in the Body: New Links Between Attachment Theory and Psychoanalytic Thought. *Journal of the American Psychoanalytic Association*, 55(2), 411–456.

Fonagy, P., Gergely, G., Jurist, E. & Target, M. (2018): *Affektregulierung, Mentalisierung und die Entwicklung des Selbst.* Stuttgart: Klett-Cotta. Engl.: Fonagy, P., Gergely, G., Jurist, E. & Target, M. (2002): *Affect Regulation, Mentalisation and the Development of the Self.* New York: Other Press.

Foucault, M. (1977): *Sexualität und Wahrheit: Der Wille zum Wissen* (Bd.1): Frankfurt a. M.: Suhrkamp. Engl.: Foucault, M. (1976): *A History of Sexuality: The Will to Knowledge* (vol. 1): London: Penguin.

Freud, S. (1905): Drei Abhandlungen zur Sexualtheorie. *GW V.* Engl.: Freud, S. (1905): Three Essays on the Theory of Sexuality. *Standard Edition, 7.*

Freud, S. (1908): Die »kulturelle« Sexualmoral und die moderne Nervosität. *GW VII.* Engl.: Freud, S. (1908): »Civilised« Sexual Morality and Modern Nervous Illness. *Standard Edition, 7.*

Freud, S. (1910): Über Psychoanalyse. Fünf Vorlesungen. *GW VIII.* Engl.: The Origin and Development of Psycho-Analysis: First and Second Lectures. *Standard Edition, 21.*

Freud, S. (1913): Weitere Ratschläge zur Technik der Psychoanalyse. *GW VIII*, S. 453–478. Engl.: Freud, S. (1913): Further Recommendations on the Technique of Psychoanalysis on Beginning the Treatment. *Standard Edition*, 12, S. 121–144.

Freud, S. (1914): Zur Einführung des Narzißmus. *GW X.* Engl.: Freud, S. (1914): On Narcissism. *Standard Edition, 14.*

Freud, S. (1915): Triebe und Triebschicksale. *GW X.* Engl.: Freud, S. (1915): Instincts and Their Vicissitudes. *Standard Edition, 14.*

Freud, S. (1917): Trauer und Melancholie. *GW X*, S. 427–444. Engl.: Freud, S. (1917): Mourning and Melancholia. *Standard Edition, 14*, S. 237–258.

Freud, S. (1919): Ein Kind wird geschlagen. *GW XII*, S. 195–257. Engl.: Freud, S. (1919): A Child Is Being Beaten. *Standard Edition, 17*, S. 177–243.

Freud. S. (1923): Das Ich und das Es. *GW XIII*, S. 237–289. Engl.: Freud, S. (1923): The Ego and the Id. *Standard Edition, 19*, S. 12–66.

Freud, S. (1926): Ansprache an die Mitglieder des Vereins B'nai B'rith. *GW XVII*, S. 308–312. Engl.: Freud, S, (1926): Address to the B'nai B'rith Society of Vienna. *Standard Edition, 20*, S. 271–274.

Freud, S. (1927): Fetischismus. *GW XIV*, S. 311–317. Engl.: Freud, S. (1927): Fetishism. *Standard Edition, 21*, S. 149–157.

Freud, S. (1930): Das Unbehagen in der Kultur. *GW XIV*, S. 421–506. Engl.: Freud, S. (1930): Civilization and Its Discontents. *Standard Edition, 21*, S. 64–145.

Freud, S. (1937): Die endliche und die unendliche Analyse. *GW XVI*, S. 59–99. Engl.: Freud, S. (1937): Analysis Terminable and Interminable. *Standard Edition, 23*, S. 216–253.

Fricker, M. (2023): *Epistemische Ungerechtigkeit: Macht und die Ethik des Wissens.* München: C.H. Beck. Engl.: Fricker, M. (2007): *Epistemic Injustice: Power and the Ethics of Knowing.* Oxford: Oxford University Press, Oxford Scholarship Online.

Frosh, S. (1991): Postmodernism Versus Psychotherapy. *Journal of Family Therapy*, 17, 175–190.

Frosh, S. (2017): A Plague on Both Your Houses. In: Giffney, N. & Watson, E. (Hrsg.): *Clinical Encounters in Sexuality: Psychoanalytic Practice and Queer Theory*. Goleta: Punctum Books.

Gaddini, E. (2016): Über die Imitation. In: »Das ich ist vor allem ein körperliches«. Beiträge zur Psychoanalyse der ersten Strukturen. Frankfurt a. M.: Brandes & Apsel, 3. Aufl. Engl.: Gaddini, E. (1969): On Imitation. *International Journal of Psychoanaylsis*, 50, 475–484.

Gaddini, E. (1987): Notes on the Mind – Body Question. *International Journal of Psychoanalysis*, 68, 315–329.

Gallagher, S. (2005): *How the Body Shapes the Mind.* Oxford: Clarendon Press.

Gedo, J. (1986): *Conceptual Issues in Psychoanalysis: Essays in History and Method*. Hillsdale, NJ: The Analytic Press.

Gherovici, P. (2017a): *Transgender Psychoanalysis. A Lacanian Perspective on Sexual Difference*. London: Routledge.

Gherovici, P. (2017b): Depathologizing Trans: From Symptom to Sinthome. *TSQ*, 4(3–4), 534–555, 1. November.

Giddens, A. (1991): *Modernity and Self Identity*. Cambridge: Polity.

Giffney, N. & Watson, E. (2017): *Clinical Encounters in Sexuality: Psychoanalytic Practice and Queer Theory.* Goleta: Punctum Books.

Giordano, S. (2019): Importance of being Persistent: Should Transgender Children Be Allowed to Transition Socially? *Journal of Medical Ethics*, 45(10), 654.

Goldner, V. (1991): Towards a Critical Relational Theory of Gender. *Psychoanalytic Dialogues: The International Journal of Relational Perspectives*, 1, 249–272.

Goldner, V. (2002): Relational Theory and the Postmodern Turn. In: Fairfield, S., Layton, L. & Stack, C. (Hrsg.): *Bringing the Plague: Towards a Postmodern Psychoanalysis*. New York: The Other Press, S. 157–166.

Goldner, V. (2011): Trans: Gender in Free Fall. *Psychoanalytic Dialogues: The International Journal of Relational Perspectives*, 21, 159–171.

Gozlan, O. (2011): Transsexual Surgery: A Novel Reminder and a Navel Remainder. *International Forum of Psychoanalysis*, 20(1), 45–52.

Gozlan, O. (2015): *Transsexuality and the Art of Transitioning: A Lacanian Approach.* New York: Routledge.

Gozlan, O. (Hrsg.) (2018a): *Current Critical Debates in the Field of Transgender Studies*. London: Routledge.

Gozlan, O. (2018b): From Continuity to Contiguity. A Response to the Fraught Temporality of Gender. *The Psychoanalytic Review*, 105(1), 1–29.

Grant, J.M., Mottet, L., Tanis, J., Harrison, J., Herman, J. & Keisling, M. (2011): *Injustice at Every Turn: A Report of the National Transgender Discrimination Survey.* Washington, DC: National Center for Transgender Equality and National Gay and Lesbian Task Force.

Green, A. (1998): The Primordial Mind and the Work of the Negative. *International Journal of Psychoanalysis*, 79(4), 649–665.

Green, A. (2000): The Intrapsychic and Intersubjective in Psychoanalysis. *Psychoanalytic Quarterley*, 69(1), 1–39.

Green, R. (1987): *The »Sissy Boy Syndrome« and the Development of Homosexuality*. New Haven, CT: Yale University Press.

Green, R. & Fleming, D. (1990): Transsexual Surgery Follow-up: Status in the 1990s. *Annual Review of Sex Research*, 1, 163–174.

Griffin, L. & Clyde, K., Byng, R. & Bewley. S. (2020): Sex, Gender and Gender Identity. A Re-Evaluation of the Evidence. *BJPsych Bulletin*, 1–9.

Grinberg, L. & Grinberg, R. (1981): Modalities of Object Relationships in the Psychoanalytic Process. *Contemporary Psychoanalysis*, 17, 290–320.

Haag, G. (1985): La mère et le bébé dans les deux moities du corps. *Neuropsychiatrie de l'enfance*, 33, 107–114.

Haas, A.P., Rodgers, P.L. & Herman, J. (2014): *Suicide Attempts Among Transgender and Gender Non-Conforming Adults. Findings of the National Transgender Discrimination Survey.* Los Angeles: American Foundation for Suicide Prevention and the Williams Institute.

Hägglund, T. & Piha, H. (1980): The Inner Space of the Body Image. *Psychoanalytic Quarterly*, 49, 256–283.

Hakeem, A. (2010): Deconstructing Gender in Trans-Gender Identities. *Group Analysis*, 43(2), 141–154.

Hakeem, A. (2012): Psychotherapy for Gender Identity Disorders, Advances in Psychiatric Treatment: The Royal College of Psychiatrists. *Journal of Continuing Professional Development*, 18(1), 17–24.

Hakeem, A. (2018): *Trans: Exploring Gender Identity and Gender Dysphoria.* Newark: Trigger Press.

Hansbury, G. (2017): Unthinkable Anxieties. *Transgender Studies Quarterly*, 4(3–4), 384–404.

Harris, A. (1991): Gender as Contradiction. *Psychoanalytic Dialogues*, 1, 197–224.

Harris, A. (2011): Gender as a Strange Attractor: Discussion of the Transgender Symposium. *Psychoanalytic Dialogues: The International Journal of Relational Perspectives*, 21(2), 230–238.

Hausman, B. (1995): *Changing Sex: Transgenderism, Technology and the Idea of Gender*. Durham, NC: Duke University Press.

Hembree, W.C., Cohen-Kettenis, P.T., Gooren, L. Hannema, S.E., Meyer, W.F., Murad, M.H., T'Sjon, G.G., et al. (2017): Endocrine Treatment of Gender-Dysphoric/Gender-Incongruent Persons: An Endocrine Society Clinical Practice Guidline. *The Journal of Clinical Endocrinology & Metabolism*, 102, 1–35.

Hines, M. (2006): Prenatal Testosterone and Gender-Related Behavior. *European Journal of Endocrinology*, 155, Suppl. 1, S. 115–121.

Hines, M. (2009): Gonadal Hormones and Sexual Differentiation of Human Brain and Behavior. In: Pfaff, D.W., Arnold, A.P., Etgen, A.M., Fahrbach, S.E. & Rubin, R.T. (Hrsg.): *Hormones, Brain and Behavior.* San Diego, CA: Academic Press, S. 463–487, 2. Aufl.

Hines, S. (2007): *Transforming Gender: Transgender Practices of Identity, Intimacy and Care.* Bristol: Policy Press.

Holt, V., Skagerberg, E. & Dunsford, M. (2016): Young People with Features of Gender Dysphoria: Demographics and Associated Difficulties. *Clinical Child Psychology and Psychiatry*, 21, 108–118.

Honneth, A. (2000): *Das Andere der Gerechtigkeit.* München: Suhrkamp. Engl.: Honneth, A. (2007): *Disrespect: The Normative Foundations of Critical Theory.* Cambridge: Polity Press.

Isaacs, S. (1983): The Nature and Function of Phantasy. In: Klein, M., Heimann, P., Isaacs, S. & Riviere, J. (Hrsg.): *Developments in Psychoanalysis.* London: Hogarth Press, S. 67–121.

James, H., Chang, A., Imhof, R., Sahoo, A., Montenegro, M., Imhof, H., Gonzalez, C., Lteif, A., Nippoldt, T. & Davidge-Pitts, C. (2020): A Community-Based Study of Demographics, Medical and Psychiatric Conditions, and Gender Dysphoria/incongruence Treatment in Transgender/Gender Diverse Individuals. *Biology of Sex Differences*, 11(1), 1–55.

Joffe, W.G. & Sandler, J. (1968): Comments on the Psychoanalytic Psychology of Adaptation, with Special Reference to the Role of Affects and the Representational World. *International Journal of Psychoanalysis*, 49(2), 445–456.

Kaltiala-Heino, R. & Fröjd, S. (2011): Correlation between Bullying and Clinical Depression in Adolescent Patients. *Adolescent Health Med Therapeutics*, 2, 37–44.

Kaltiala-Heino, R., Sumia, M., Työläjärvi, M. & Lindberg, N. (2015): Two Years of Identity Service for Minors: Overrepresentation of Natal Girls with Severe Problems in Adolescent Development. *Child and Adolescent Psychiatry and Mental Health*, 9(1), 9.

Khatchadourian, K., Amed, S. & Metzger, D.L. (2014): Clinical Management of Youth with Gender Dysphoria in Vancouver. *Journal of Pediatrics*, 164, 906–911.

Klein, M. (1926): Infant Analysis. *International Journal of Psychoanalysis*, 7, 31–63.

Kohon, G. (2018): Bye Bye Sexuality. In: Perelberg, R. (Hrsg.): *Psychic Bisexuality: A British-French Dialogue.* London: Routledge.

Kohon, G. (2000): *Symbolic Impoverishment.* London: Routledge.

Krueger, D. (1989): *Body Self and Psychological Self.* New York: Brunner/Mazel.

Krueger, D. (2002): Psychodynamic Perspectives on Body Image. In: Cash, T. & Pruzinsky, T. (Hrsg.): *Body Image: Handbook of Theory, Research and Clinical Practice.* New York: The Guildford Press.

Lai, M.C., Lombardo, M.V. & Baron-Cohen, S. (2014): Autism. *Lancet*, 383, 896–910.

Lakoff, G. (1987): *Women, Fire, and Dangerous Things: What Categories Reveal About the Mind.* Chicago: University of Chicago Press.

Laufer, E. (1981): The Adolescent's Use of the Body in Object-Relationships and in the Transference. *Psychoanalytic Study of the Child*, 36, 163–180.

Laufer, M. (1968): The Body Image, the Function of Masturbation and Adolescence: Problems of the Ownership of the Body. *Psychoanalytic Study of the Child*, 23, 114–137.

Laufer, M. & Laufer, E. (1994): *Adoleszenz und Entwicklungskrise*. Stuttgart: Klett-Cotta. Engl.: Laufer, M. & Laufer, E. (1984): *Adolescence and Developmental Breakdown: A Psychoanalytic View.* New Haven: Yale University Press.

Layton, L. (1997): The Doer Behind the Deed: Tensions and Intersections Between Butler's Vision of Performativity and Relational Psychoanalysis. *Gender and Psychoanalysis*, 2, 131–155.

Lemma, A. (2010): *Under the Skin: A Psychoanalytic Study of Body Modification.* London: Routledge.

Lemma, A. (2012): Research Off the Couch: Re-Visiting the Transsexual Conundrum. *Psychoanalytic Psychotherapy*, 26(4), 263–281.

Lemma, A. (2013): The Body One Has and the Body One Is: Understanding the Transgender's Need to be Seen. *International Journal of Psychoanalysis*, 94(2), 277–292, April.

Lemma, A. (2018): *Der Körper spricht immer: Körperlichkeit in psychoanalytischen Therapien.* Frankfurt a. M.: Brandes & Apsel. Engl.: Lemma, A. (2015): *Minding the Body: The Body in Psychoanalysis and Beyond.* London: Routledge.

Lemma, A. (2016): Present Without Past: The Disruption of Temporal Integration in a Case of Transgender. *Psychoanalytic Inquiry: The Clinical Experience of Time*, 36(5), 360–370.

Lemma, A. (2017): *The Digital Age on the Couch.* London: Routledge.

Lemma, A. (2018): Trans-Itory Identities: Some Psychoanalytic Reflections on Transgender Identities. *International Journal of Psychoanalysis*, 99(5), 1089–1106.

Lemma, A. (2020): Commentary On: »Forever Young? The Ethics of Ongoing Puberty Suppresion for Non-Binary Adults«. *Journal of Medical Ethics*, 46(11), 757–758.

Lemma, A. & Lynch, P.E. (2019): *Psychoanalyse der Sexualitäten – Sexualitäten der Psychoanalyse*. Frankfurt a.M: Brandes & Apsel. Engl.: Lemma, A. & Lynch, P.E. (2015): *Sexualities*. London: Routledge.

Lemma, A. & Savulescu, J. (2021): To Be, Or Not to Be? The Role of the Unconscious in Transgender Transitioning: Identity, Autonomy and Well-Being. *Journal of Medical Ethics*. DOI: 10.1136/medethics-2021-107397.

Leuzinger-Bohleber, M. & Chiland, C. (1998): Transvestism and Transsexualism. *International Journal of Psychoanalysis*, 79(1), 156–159.

Levine, S.B. (2018): Transitioning Back to Maleness. *Archives of Sexual Behavior*, 47(4), 1295–1300.

Lewis, C. & Short, C. (1879): *A Latin Dictionary*. Oxford: Clarendon Press.

Lichtenberg, J. (1978): The Testing of Reality form the Standpoint of the Body Self. *Journal of the American Psychoanalytic Association*, 26, 453–484.

Limentani, A. (1979): The Significance of Transsexualism in Relation to Some Basic Psychoanalytic Concepts. *International Review of Psychoanalysis*, 6, 139–153.

Littman, L. (2018): Parent Reports of Adolescents and Young Adults Perceived to Show Signs of a Rapid Onset of Gender Dysphoria. *PloS One*, 13(8), e0202330.

Mahler, M. & Furer, M. (1998): *Symbiose und Individuation: Psychosen im frühen Kindesalter.* Stuttgart: Klett-Cotta. Engl.: Mahler, M. & Furer, M. (1968): *On Human Symbiosis and the Vicissitudes of Individuation.* New York: International Universities Press.

Marchiano, L, (2017): Outbreak: On Transgender Teens and Psychic Epidemics. *Psychological Perspectives*, 60(3), 345–366.

Mazur, T. (2005): Gender Dysphoria and Gender Change in Androgen Insensitivity or Micropenis. *Archives of Sexual Behavior*, 34, 411–421.

McGuire, J., Anderson, C., Toomey, R. & Russell, S. (2010): School Climate for Transgender Youth: A Mixed Method Investigation of Student Experiences and School Responses. *Journal of Youth and Adolescence*, 39, 1175–1188.

Mehler, J. (2009): Counterpoints. In: Ambrosio, G. (Hrsg.): *Transvestism, Transsexualism in the Psychoanalytic Dimension.* London: IPA Books.

Merleau-Ponty, M. (2011): *Phänomenologie der Wahrnehmung.* Berlin: De Gruyter. Engl.: Merleau-Ponty, M. (1962): *Phenomenology of Perception.* New York: Humanities Press.

Mifin, M. (1997): *Bodies of Subversion.* New York: Juno.

Millot, C. (1990): *Horsexe.* New York: Autonmedia.

Milon, A. (2005): *La Réalité Virtuelle: Avec ou sans le corps.* Paris: Éditions Autretremps.

Mitchell, J. (2018): Foreword. In: Perelberg, R. J. (Hrsg.): *Psychic Bisexuality.* London: Routledge.

Moore, M. & Brunskell-Evans, H. (Hrsg.) (2019): *Inventing Transgender Children and Young People.* Cambridge: Cambridge Scholars.

Murad, M., Elamin, M., Garcia, M., Erwin, P. & Montori, V. (2010): Hormonal Therapy and Sex Reassignment: A Systematic Review and Meta-Analysis of Quality of Life and Psychosocial Outcomes. *Clinical Endocrinology*, 72(2), 214–231.

Neuville, P., Carnicelli, D., Ruffion, A. & Morel-Journel, N. (2020): HP-6-1 Long Term Outcomes of Phalloplasty in Transgender Men: An Explorative Study. *Journal of Sexual Medicine*, 17(6), 165.

Ogden, T. (2006): *Frühe Formen des Erlebens.* Gießen: Psychosozial. Engl.: Ogden, T. (1989): *The Primitive Edge of Experience.* Northvale: Jason Aronson.

Olson, J., Schrager, S. M., Belzer, M., Simons, L. K. & Clark, L. F. (2015): Baseline Physiologic and Psychosocial Characteristics of Transgender Youth Seeking Care for Gender Dysphoria. *Journal of Adolscent Health*, 57, 374–380.

Olson, K. R. (2016): Prepubescent Transgender Children: What We Do and Do Not Know. *Journal of the American Academy of Child and Adolescent Psychiatry*, 55, 155–156, e3.

Oppenheimer, A. (1991): The Wish for a Sex Change: A Challenge to Psychoanalysis? *International Journal of Psychoanalysis*, 72, 221–231.

Ovesey, L. & Person, E. (1973): Gender Identity and Sexual Psychopathology. *Journal of the American Academy of Psychoanalysis and Dynamic Psychiatry*, 1, 53–72.

Pasterski, V., Gilligan, L. & Curtis, R. (2014): Traits of Autism Spectrum Disorders in Adults with Gender Dysphoria. *Archives of Sexual Behavior*, 43, 387–393.

Pearce, R. (2018): *Understanding Trans Health: Discourse, Power and Possibility*. Bristol: Policy Press.

Perelberg, R.J. (1999): The Interplay Between Identifications and Identity in the Analysis of a Violent Young Man: Issues of Technique. *International Journal of Psychoanalysis*, 80(1), 31–45.

Perelberg, R.J. (Hrsg.) (2018): *Psychic Bisexuality*. London: Routledge.

Perelberg, R.J. (2020): *Sexuality Excess and Representation.* London: Routledge.

Perez-Brumer, A., Hatzenbuehler, M., Oldenburg, E. & Bockting, W. (2015): Individual- and Structural-Level Risk Factors for Suicide Attempts Among Transgender Adults. *Behavioral Medicine: Special Issue on Health and Context*, 41(3), 164–171.

Person, E. & Ovesey, L. (1974): The Transsexual Syndrome in Male Primary Transsexualism. *American Journal of Psychotherapy*, 28, 4–20.

Pols, A. & Romijn, H. (2017): Evaluating Irreversible Social Harms. *Policy Sciences*, 50, 495–518.

Pumpian-Mindlin, E. (1969): Vicissitudes of Infantile Omnipotence. *Psychoanalytic Study of the Child*, 24(1), 213–226.

Quinodoz, D. (1998): A Fe/Male Transsexual Patient in Psychoanalysis. *International Journal of Psychoanalysis*, 79, 95–111.

Quinodoz, D. (2002): Termination of a Fe/Male Transsexual Patient's Psychoanalysis. *International Journal of Psychoanalysis*, 83, 783–798.

Resnik, S. (2001): *The Delusional Person: Body Feelings and Psychosis*. London: Karnac.

Richards, C., Maxwell, J. & McCune, N. (2019): Use of Puberty Blockers for Gender Dysphoria: A Momentuous Step in the Dark. *Archives of Disease in Childhood*, 104, 611–612.

Rosch, E. (1992): *Cognition and Categorization.* Hillsdale, NJ: Erlbaum.

Rose, J. (2016): Who Do You Think You Are? *London Review of Books*, 38(9), 3–13. Online: www.lrb.co.uk/v38/n09/jaqueline-rose/who-do-you-think-you are.

Rose, J. (2017): Something Amiss. In: Watson, E. & Giffney, N. (Hrsg.): *Clinical Encounters in Sexuality: Psychoanalytic Practice and Queer Theory.* Goleta: Punctum Books.

Roughgarden, J. (2013): *Evolution's Rainbow*. Berkerley: University of California Press, 1. Aufl.

Saketopoulou, A. (2014): Mourning the Body as Bedrock. *Journal of the American Psychoanalytic Association*, 62(5), 773–806.

Saketopoulou, A. (2017): Between Freud's Second and Third Essays on Sexuality: Commentary on Hansbury. *JAPA*, 65(6), 1033–1048.

Saketopoulou, A. (2020): Thinking Pschoanalytically, Thinking Better: Reflections on Transgender. *International Journal of Psychoanalysis*, 101(5), 1019–1030.

Salamon, G. (2010): *Assuming a Body: Transgender and the Rhetorics of Materiality.* New York: Columbia University Press.

Sandler, J. (1994): Phantasy, Defence and the Representational World. *Infant Mental Health*, 15, 26–35.

Savulescu, J. (1994): Rational Desires and the Limitation of Life-Sustaining Treatment. *Bioethics*, 8, 191–222.

Savulescu, J. & Kahane, G. (2011): Disability: A Welfarist Approach. *Clinical Ethics*, 6(1), 45–51.

Savulescu, J., Sandberg, A. & Kahane, G. (2011): Well-Being and Enhancement. In: Savulescu, J., Meulen, R. & Kahane, G. (Hrsg.): *Enhancing Human Capacities*. Oxford: Blackwell Publishing Ltd.

Schagen, S. E., Cohen-Kettenis, P. T., de Delemarre-van Waal, H. A. & Hannema, S. E. (2016): Efficacy and Safety of Gonadotropin-Releasing Hormone Agonist Treatment to Suppress Puberty in Gender Dysphoric Adolescents. *Journal of Sexual Medicine*, 13, 1125–1132.

Schilder, P. (1950): *The Image and Appearance of the Human Body*. New York: International University Press.

Schumm, W. & Crawford, D. (2020): Is Research on Transgender Children What It Seems? Comments on Recent Research on Transgender Children with High Levels of Parental Support. *Linacre Quarterly*, 87(1), 9–24.

Sennett, R. (1998): *The Corrosion of Character.* New York: Norton.

Shai, D. & Fonagy, P. (2013): Beyond Words: Parental Embodied Mentalizing and the Parent – Infant Dance. In: *Nature and Formation of Social Connections: From Brain to Group, IDC, Herzliya.* Washington, DC: American Psychological Association.

Short, C. S. (2019): Comment on »Outbreak: On Transgender Teens and Psychic Epidemics«. *Psychological Perspectives: The Alchemy of What Moves Us*, 62(2–3), 285–289. DOI: 10.1080/00332925.2019.1626671.

Shuster, S.M. (2019): Performing Informed Consent in Transgender Medicine. *Social Science & Medicine*, 226, 190–197. DOI: 10.1016/j.socscimed.2019.02.053.

Silverman, S. (2015): The Colonized Mind: Gender, Trauma and Mentalization. *Psychoanalytic Dialogues: The International Journal of Relational Perspectives*, 25(1), 51–66.

Simonsen, R.K., Giraldi, A., Kristensen, E. & Halds, G.M. (2016): Long-Term Follow-up of Individuals Undergoing Sex Reassignment Surgery: Psychiatric Morbidity and Mortality. *Nordic Journal of Psychiatry*, 70(4), 241–247.

Singh, D. (2012): *A Follow-up Study of Boys With Gender Dysphoria.* Toronto, Canada: University of Toronto.

Skagerberg, E., Davidson, S. & Carmichael, P. (2013): Internalizing and Externalizing Behaviors in a Group of Young People With Gender Dysphoria. *The International Journal of Transgenderism*, 14(3), 105–112.

Skagerberg, E., Di Ceglie, D. & Carmichael, P. (2015): Brief Report: Autistic Features in Children and Adolescents with Gender Dysphoria. *Journal of Autism and Developmental Disorders*, 45(8), 2628–2632.

Socarides, C. (1970): A Psychoanalytical Study of the Desire for Sexual Transformation (Transsexualism): The Plaster of Paris Man. *International Journal of Psychoanalysis*, 51, 341–349.

Spack, N.P., Edwards-Leeper, L., Feldman, H.A., Leibowitz, S., Mandel, F., Diamond, D.A. & Vance, S.R. (2012): Children and Adolescents with Gender Identity Disorder Referred to a Pediatric Medical Center. *Pediatrics*, 129, 418–425.

Steensma, T.D., Biemond, R., Boer, F.D. & Cohen-Kettenis, P.T. (2011): Desisting and Persisting Gender Dysphoria After Childhood: A Qualitative Follow-up Study. *Clinical Child Psychology and Psychiatry*, 16, 499–516.

Steensma, T.D., Kreukels, B.P., de Vries, A.L. & Cohen-Kettenis, P.T. (2013a): Gender Identity Development in Adolescence. *Hormones and Behavior*, 64, 288–297.

Steensma, T.D., Mcguire, J., Kreukels, B., Beekman, A. & Cohen-Kettenis, P. (2013b): Factors Associated with Desistence and Persistence of Childhood Gender Dysphoria: A Quantitative Follow-up Study. *Journal of the American Academy of Child and Adolescent Psychiatry*, 52(6), 582. DOI: 10.1016/j.jaac.2013.03.016.

Steensma, T. D., Van der Ende, J., Verhulst, F. C. & Cohen-Kettenis, P. T. (2013c): »Gender Variance in Childhood and Sexual Orientation in Adulthood: A Prospective Study.« *Journal of Sexual Medicine*, 10, 2723–2733.

Steensma, T. D., Zucker, K. J., Kreukels, B. P., VanderLaan, D. P., Wood, H., Fuentes, A. & Cohen-Kettenis, P. T. (2014): Behavioral and Emotional Problems on the Teacher's Report Form: A Cross-National, Cross-Clinic Comparative Analysis of Gender Dysphoric Children and Adolescents. *Journal of Abnormal Child Psychology*, 42, 635–647.

Stonewall (2017): https://www.stonewall.org.uk

Stonewall (2020): https://www.stonewall.org.uk

Strang, J. F., Kenworthy, L., Dominska, A., Sokoloff, J., Kenealy, L. E., Berl, M., Luong-Tran, C., et al. (2014): Increased Gender Variance in Autism Spectrum Disorders and Attention Deficit Hyperactivity Disorder. *Archives of Sexual Behvior*, 43, 1525–1533.

Stryker, S. (2017): *Transgender History: The Roots of Today's Revolution.* New York: Seal Press.

Suchet, M. (2011): Crossing Over. *Psychoanalytic Dialogues*, 21, 172–191.

Temple Newhook, J., Pyne, J., Winters, K., Feder, S., Holms, C., Tosh, J., Sinnott, M., Jamieson, A. & Pickett, S. (2018): A Critical Commentary on Follow-up Studies and »Desistance« Theories About Transgender and Gender-Nonconforming Children. *International Journal of Transgenderism: Today's Transgender Youth: Health, Well-being, and Opportuities for Resilience*, 19(2), 212–224.

Toomey, R., Syvertsen, A. & Shramko, M. (2018): Transgender Adolescent Suicide Behavior. *Pediatrics*, 142(4), 2017–2018.

Turban, J. & Ehrensaft, D. (2018): Research Review: Gender Identity in Youth: Treatment Paradigms and Controversies. *Journal of Child Psychology and Psychiatry, and Allied Disciplines*, 59(12), 1228.

Turban, J., King, D., Carswell, J. & Keuroghlian, A. (2020): Pubertal Suppression for Transgender Youth and Risk of Suicidal Ideation. *Pediatrics*, 145(2), e20191725.

Tustin, F. (2000): *Autistische Zustände bei Kindern.* Stuttgart: Klett-Cotta. Engl.: Tustin, F. (1981): *Autistic States in Children.* London: Routledge.

Valentine, D. (2007): *Imagining Transgender: An Ethnography of a Category.* Durham: Duke Press.

van Beijsterveldt, C. E., Hudziak, J. J. & Boomsma, D. J. (2006): Genetic and Environmental Influences on Cross-Gender Behavior and Relation to Behavior Problems: A Study of Dutch Twins at Ages 7 and 10 Years. *Archives of Sexual Behavior*, 35, 647–658.

van den Elzen, M. E., Versnel, S. L., Hovius, S. E., Passchier, J., Duivenvoorden, H. J. & Mathijssen, I. M. (2012): Adults with Congenital or Acquired Facial Disfigurement: Impact of Appearance on Social Functioning. *Journal of Cranio-Maxillofacial Surgery*, 40(8), 777–782.

van den Grift, T., Elaut, E., Cerwenka, S., Cohen-Kettenis, P. & Kreukels, B. (2018): Surgical Satisfaction, Quality of Life, and Their Association After Gender-Affirming Surgery: A Follow-up Study. *Journal of Sex & Marital Therapy*, 44(2), 138–148.

van der Laan, D., Leef, J. H., Wood, H., Hughes, S. K. & Zucker, K. J. (2015): Autism spectrum disorder risk factors and autistic traits in gender dysphoric children. *Journal of Autism and Developmental Disorders*, 45(6), 1742–1750. DOI: 10.1007/s10803-014-2331-3.

Waddell, M. (2006): Narcissism – an Adolescent Disorder. *Journal of Child Psychotherapy*, 32(1), 21–34.

Wallien, M. & Cohen-Kettenis, P. (2008): Psychosexual Outcome of Gender-Dysphoric Children. *Journal of the American Academy of Child and Adolescent Psychiatry*, 47, 1413–1423.

Watson, E. & Giffney, N. (2017): *Clinical Encounters in Sexuality: Psychoanalytic Practice and Queer Theory.* Goleta: Punctum Books.

Williams Institute. (2016): https://williamsinstitute.law.ucla.edu/subpopulations/transgender-people/

Winnicott, D. W. (1945): Primitive Emotional Development. *International Journal of Psychoanalysis*, 26, 137–143.

Winnicott, D. W. (1956): On Transference. *International Journal of Psychoanalysis*, 37, 386–388.

Winnicott, D. W. (1966): Psycho-Somatic Illness in Its Positive and Negative Aspects. *International Journal of Psychoanalysis*, 47, 510–516.

Winnicott, D. W. (1970): On the Basis for Self in Body. In: Winnicott, D. W., Winnicott, C., Shepherd, R. & Davis, M. (Hrsg.): *Psycho-Analytic Explorations.* London: Karnac, S. 261–268.

Winnicott, D. W. (1998): *Die menschliche Natur.* Stuttgart: Klett-Cotta. Engl.: Winnicott, D. W. (1988): *Human Nature.* London: Karnac.

Wouter, G. et al. (2016): *He wrote Something Else But Under Someone Elses Name, This Could Be A Duplicate.*

Wren, B. (2014): Thinking Postmodern and Practising in the Enlightenment: Managing Uncertainty in the Treatment of Children and Adolescents. *Feminism and Psychology*, 24(2), 271–291.

Wren, B. (2019a): Ethical Issues Arising in the Provision of Medical Interventions of Gender Diverse Children and Adolescents. *Child Psychology and Psychiatry*, 24(2), 203–222.

Wren, B. (2019b): Reflections on »Thinking an Ethics of Gender Exploration: Against Delaying Transition for Transgender and Gender Variant Youth«. *Clinical Child Psychology and Psychiatry*, 24(2), 237–240.

Wren, B. (2020): New Way of Being a Person. *Journal of Medical Ethics*, 46(11), 755–756.

Zucker, K. J. & Bradley, S. (1995): *Gender Identity Disorder and Psychosexual Problems in Children and Adolescents.* Guilford, NY: Guilford Press.

Zuger, B. (1984): Early Effeminate Behavior in Boys: Outcome and Significance for Homosexuality. *The Journal of Nervous and Mental Disease*, 172, 90–97.

Das Werk von Alessandra Lemma in deutscher Übersetzung

Alessandra Lemma

Der Körper spricht immer

Körperlichkeit in psychoanalytischen Therapien und jenseits der Couch

2. Auflage, 296 S., Pb. Großoktav, € 39,90
ISBN 978-3-95558-213-5

»Ein Berichts- und Lehrbuch, unerhört lesenwert, ein Gesundbrunnen für klassisch arbeitende Analytiker.« *(T. Moser, Dt. Ärzteblatt, PP)*

Alessandra Lemma
Paul E. Lynch (Hrsg.)

Psychoanalyse der Sexualitäten – Sexualitäten der Psychoanalyse

328 S., Pb. Großoktav, € 39,90, ISBN 978-3-95558-217-3

»Lemma und Lynch haben einen international wegweisenden Band zusammengestellt, der Sexualität und Psychoanalyse für ein Verständnis vielfältiger Phänomene wieder zusammenführt.« *(Dr. med. Mabuse)*

Alessandra Lemma
Luigi Caparrotta (Hrsg.)

Psychoanalyse im Cyberspace?

Psychotherapie im digitalen Zeitalter

Vorwort von Peter Fonagy

208 S., Pb. Großoktav, € 24,90, ISBN 978-3-95558-177-0

»Das Buch gibt den Anstoß zu einer Diskussion in der Psychoanalyse, die heute weltweit mit den modernsten Kommunikationsformen arbeitet und als Analyse im Cyberspace dazu führt, dass an der analytischen Praxis zwangsläufig dies oder jenes modifiziert wird. Die Autoren befassen sich mit den besonderen Facetten der neuen Aufgabe, so dass dieser wichtige Band den Anfang einer Debatte markiert.« *(C. Bollas, PhD, Psychoanalytiker)*

Stephen Briggs / Alessandra Lemma
William Crouch (Hrsg.)

Suizid und Suizidalität

Psychoanalytische Behandlung, Prävention und Theorie

368 S., geb., € 39,90, ISBN 978-3-86099-895-3

»Psychoanalytisch arbeitende Kliniker werden sich in ihrem Engagement für Patienten, von deren Mut- und Hoffnungslosigkeit ein mächtiger Sog ausgehen kann, bestärkt sehen.« *(P. Fonagy)*

Unseren Psychoanalysekatalog erhalten Sie kostenlos:
Brandes & Apsel Verlag • Scheidswaldstr. 22 • 60385 Frankfurt am Main
info@brandes-apsel.de • www.brandes-apsel.de

Brandes & Apsel

Sebastian Leikert (Hrsg.)

Das körperliche Unbewusste in der psychoanalytischen Behandlungstechnik

300 S., geb. Großoktav, € 34,90, ISBN 978-3-95558-315-6

Dieser innovative Band markiert einen Aufbruch: An vielen Stellen wird ein vermehrtes Interesse an der Frage sichtbar, wie Körperlichkeit und Körpergedächtnis stärker in die psychoanalytische Arbeit einbezogen werden können. Das Buch versammelt hierzu aus dem nationalen und internationalen Bereich Richtung weisende Arbeiten.

Sebastian Leikert

Das sinnliche Selbst

Das Körpergedächtnis in der psychoanalytischen Behandlungstechnik

308 S., Pb. Großoktav, € 34,90, ISBN 978-3-95558-216-6

» Leikerts neue Arbeit ist ein wertvoller Beitrag, die Psychoanalyse aus ihrer Einengung auf Bewusstes und Kognitives zu befreien und sie um die Dimensionen des Sinnlichen zu erweitern. Er unternimmt diese Fortentwicklung des Modells mit überzeugender klinischer Kompetenz und mit beeindruckender modelltheoretischer Sorgfalt. Leikert ist ein großartiger Kliniker und Theoretiker.« *(Reinhard Plassmann, Tübingen)*

Steven H. Knoblauch

Fluidität, Rhythmus und Gefühl

Unbewusste Verletzlichkeit erspüren und behandeln

220 S., Pb. Großoktav, € 29,90, ISBN 978-3-95558-336-1

»Heutzutage muss sich die Psychoanalyse – mit der wachsenden Aufmerksamkeit für kulturelle Verwobenheiten – damit befassen, wie diese Verwobenheiten in uns und in unserer individuellen Entwicklung verkörpert sind: eine zeitgemäße und faszinierende Botschaft.« *(Donnel B. Stern)*

Riccardo Lombardi

Die Körper-Psyche-Dissoziation

Die Entwicklung nach Bion

264 S., Pb. Großoktav., € 34,90, ISBN 978-3-95558-329-3

»In jedem Beitrag wird die Kompetenz der Autorinnen und Autoren auf ihrem Gebiet deutlich. Die Beiträge sind theoretisch fundiert und erlauben dennoch fast durchgängig durch das Einbinden von Fallmaterial einen Bezug zur praktischen Arbeit.« *(B. Neudecker, socialnet.de)*